社長が求める課長の仕事力

長谷川和廣

かんき出版

課長はエキサイティング――まえがきにかえて

いま課長の質が、より問われる時代になりました。

若さ、バイタリティ、感性なども当然重要ですが、いま求められるのはプロとしての仕事力です。

右肩上がりの時代は、〝知力〟というビジネススキルがなくても課長が務まりました。

「私のやりかたで実績があがった。だから認められ部長、役員になった」

と思い込んで、そのままの成功体験と能力でよしとする管理職や経営幹部がいました。そのような人を抱えた企業が、変化に対応できずに危なくなっているのです。

大企業といえども、いつ倒産するか分からない。いつ合併やM&Aされるか分からないという時代にあって、課長のポストは減っています。デキる課長しか生き抜くことはできません。

私があなたに願うことは、

「どんな時代がこようとも、生き抜いてほしい。そのために課長時代にビジネススキルをしっかり身につけてほしい。そしてスカウトされるくらいの人になってもらいたい」

ということです。

かんき出版からの私へのミッションは、つぎのようなものでした。

「あなたに書いてもらいたい理由は二つある。

一つは、あなたは社長やコンサルタントとして、本社のみならず、子会社、関連会社、協力会社など約二〇〇〇社の業績を回復させた体験を持っている。そこでの課長たちと直接肌で接し、彼らの考えや悩みを聞き続けてきた記録ノートを持っておられる。そのとき、どのようなアドバイスをされたか、それを公開してほしい。

二つは、しかもたった三か月あまりの期限で、そんな会社の課長たちの意識を変え、プロの仕事人、プロのリーダーにするための教育をしてV字回復させたと聞いている。課長に必要な問題解決のための仕事力（ビジネススキルやノウハウ）をまとめてほしい。なるべく社長の立場で書いてほしい」

たしかに私はこれまでの四〇年間、ジョンソンやバイエル、ニコン・エシロールなどの外資系企業で経営幹部や代表取締役という立場で、またときにはコンサルタントという立場で、業績アップや企業再生の仕事を中心に携わってきました。

私が見てきた赤字会社の多くは、まさにダメ課長の見本市でした。

それでも、教育を通じて分かったことは、ダメ課長をデキる課長に変えただけで会社の業績は急速に確実に伸び、たとえ赤字でも黒字の企業に立ち直ることができました。そして課長たちも立派な経営幹部へと成長されました。

この間、私は毎朝一時間ほどの通勤電車のなかで、仕事上やプライベートで相談を受けたこと、仕事のなかで気づいたちょっとしたノウハウ、ひらめき、取引先で起こったトラブルとその解決策などを、実務の日記である『おやっとノート』(私が名づけた名前で、おやっと思ったこと、感じたことを記すノート)に書き連ねてきました。

その記録のなかでいちばん多かったのが課長からの相談事でした。彼らは、とにかく毎日のように悩んでいました。彼らとグループディスカッションをしたり、膝詰めで話を聞いたりしてきました。

今回、その教育の中味を分かりやすい言葉で、しかも課長からの質問に答えるという形で、具体的にまとめたのが本書です。
課長ほどおもしろいエキサイティングな立場はありません。

まず、管理職の立場でいながら現場との接点であるということです。現場がいちばん多くの情報を持っています。会社の改善は、すべて現場の状況・情報に精通していなければ成果は出ません。

会社がよりよく成長し変化していくときのキーポジションが、課長なのです。

課長になったら、「自分はミニ社長」になったつもりで、部下と共にグループで研究し、どんどん改善案を出してください。そして改善のリーダーになってください。

社長という立場にいると、できない理由を理路整然と言う人より、利益を生み出す改善案を提案してくる人が好きだし、信用します。

真のリーダーへと成長されるための即戦力本として、本書を活用していただければ幸いです。

長谷川　和廣

二〇〇八年五月

仕事力をつける5つの心得

一、どのような課題にも、必ず解決策があると信じる。
二、24時間、考えることを習慣化する。
三、解決策をつねに論理的に考える。
四、仕事術を身につけたプロになる。
五、1週間に一日、完全にリラックスする日を持つ。
（……そうでないと、胃を壊します）

課長の心構え七カ条

1. 原理・原則を重視する
2. 悪い情報を隠さない
3. 敏速に行動する
4. 会議は最小限に減らす
5. 自ら仕事をつくり出す
6. 信賞必罰が実行できる
7. セクショナリズムに陥らない

（私の日記「おやっとノート」より抜粋）

社長が求める　課長の仕事力

目次

第1章

課長に求められる リーダーシップの原則

第2章

課長が知っておくべき 人間関係の原則

第3章

課長が考えておきたい売上アップの原則

第4章

課長が押さえておきたい利益を生み出す原則

第5章

課長が身につけておくべき企画・発想の原則

第6章
課長が変えるべき改善の原則

第7章 課長ならではのスキルアップの原則

第8章

課長自身のための キャリアアップの原則

装丁◎石間 淳

第1章

課長に求められる
リーダーシップの原則

ビジネスパーソンは、部下を一人持った時点からリーダーです。真面目に働いていれば、誰でも、チームリーダークラスまでは到達できるでしょう。

しかし、部署、部門、会社を率いるリーダーとなると、話は別。それぞれの段階で高い壁が存在します。

では、真のリーダーとしてステップアップしていける課長と、途中で壁に阻まれる課長の差はどこにあるのか……。

真のリーダーになるための条件を抜き出してみました。

●本当にデキる課長の条件とは？
「うるさい、細かい、しつこい、横着しない」人になる

私がある化学メーカーの販売会議に、コンサルタントとして参加したとき、先方の担当社員が配ったプレゼン資料に、小さな数字の間違いを見つけました。議題に影響するほどの間違いではなかったのであとで指摘するつもりでしたが、どうやら課長の一人がそのミスに気づき、会議の流れを止めてまで部下に注意を与えました。

普通ならば、

「細かいところにうるさい課長がいて、社員もかわいそうだ」

と考えるのかもしれませんが、私はむしろ、この会社はリーダーに恵まれていることがわかり、業績回復に確信を持ちました。

「物わかりのいい上司」になることは簡単です。

しかし、優秀なデキる課長ほど、「うるさい、細かい、しつこい、横着しない」という厳しさを持つ度胸と、「基本を身につけてしっかり成長してほしい」という愛情

を持っているのです。

この四つの性格が課長には、なぜ大切なのか。逆を考えれば、すぐにわかります。ミスに寛容なリーダーのもとでは、同じミスが繰り返されます。そこでしつこく確認しなければ、同じミスが何度となく起きる危険性があります。細部をチェックする能力がなければ、やがて大きなミスが、必ず起こります。

また横着している上司に手抜きを指摘されても、部下は不満を募らせるだけです。まさにこの四つのファクターは、部下をマネジメントするための基本なのです。

「課長が細かいことにいちばん厳しい」という組織は、成長します。課長が厳しくしなければ、部長がせざるを得ません。部長がしなければ、役員が……。役員がしなければ、社長が……。社長が厳しくしなければならない組織は未熟な証拠です。

逆に言えば、自分の上司にラクをさせるために、自分が厳しさを演じられる人になってください。そのキーポジションが課長やマネージャーという職位です。

細かいことにも厳しいけれど慈愛がある母親役と、人として間違ったことをしたときには激怒するけど大きな夢を与えてくれる父親役の二役が、課長には求められています。ときには、上司とのコンビでその効果を上げたいものです。

●課長の責任感とは？
社員一人×四人分の重さを感じる

会社は何のために業績に責任を持つのか。

最近は「株主価値経営のため」と答える人も少なくないようですが、その風潮には疑問を感じます。私はまず、社員満足を優先すべきだと思います。計画通りの業績を残すのは、会社を存続させて、社員やその家族の生活を守るためです。

それを実現可能にするために、顧客満足が求められるのです。

そのためにも課長が、自分の課の業績に責任を持つのは当然のことです。

課長として任務を遂行するときは、自分を奮い立たせるために、自分の課のスタッフ数とその家族数をつねに頭に思い浮かべてほしいものです。スタッフ数が一五人なら、その一人に家族が四人いるとして六〇人。それだけの人の生活が自分の手腕にかかっているのだと思うと、とても弱音は吐いていられません。

そして自分の課だけではなく、自分の所属している部のスタッフ数まで意識できる余裕と責任感を持てるようになると、部長の器になっていることになるのです。当然、社長のばあいは、それが「全社員の人数×四人」ということになります。

「部下には仕事だけしてもらえれば、プライベートは無関心」

といって仕事を教えるだけでは、部下はなかなか育ちません。**関心と干渉とは違います。朝、出社したときの姿や顔色ひとつで部下の状態を察することができるようになりたい**ものです。「健康状態は?」「お子さんが幼稚園に通い始めた。元気かな?」「母親が要介護になったらしい。睡眠不足になっていないかな?」

これらは仕事とは直接関係のない情報ですが、仕事に影響の出やすい要因でもあります。部下のリアルな生活を知ることで心の架け橋もできます。

そして、教えるよりも気づくきっかけをつくってあげる。それが次の三つです。

「成長してほしい」という温かい目。

「なんでも聞くよ」という大きな耳。

「黙っているから気づいてくれよ」という小さな口。

チームの業績が悪化すれば、自分はもちろん部下の評価も下がり、それが部下の家族の生活にも影響していく。リーダーとしての責任の重さが課長にはあるのです。

判断は正確に、決断はスピード主義で

●課長の判断力と決断力とは？

赤字額が二〇億円ほどある会社の再生をお手伝いしたとき、経営幹部の多くが「判断」（ジャッジメント）と「決断」（デシジョン）の違いを意識していないことに驚きました。

判断とは、複数の選択肢の中から最良な方法を論理的に導き出す行為です。例えば製品のパッケージを決めるとき、デザインAの支持率が六〇％、デザインBの支持率が三〇％なら、デザインAのほうが受け入れられるという仮説を導き出す。これがジャッジメント（判断）です。

決断とは、検討結果をもとにして、物事の優劣・良し悪しが、どちらにあるのかを選択する行為を意味します。先の例でいえば、もし調査の結果、AとBの支持率が同じだったら、どちらが優劣かとは断定できません。このときにどちらを選択するかを決めるのがデシジョン（決断）です。

判断において求められるのは正確さであり、そのためには情報収集や検討に時間がかかる場合もあるでしょう。

一方、決断に求められるのはスピードです。時間をかけても判断以上に正解に近づくことはないのだから、あとは決めるだけ。迷うのは時間の無駄なのです。

ところが、この赤字額が二〇億円ほどもある会社の部課長たちは、まったく逆のことをしていました。ろくに情報収集もしないで憶測で判断を下して、いざ最終的な決断を迫ると、

「もう少し検討させてください」

といって逃げてしまう。その会社が長い間、赤字にあえいでいたのも納得です。

ビジネスに求められるのは、的確なジャッジメントと迅速なデシジョンです。とくに現場の課長クラスがこの二つを混同していると、指示を待っている実働部隊の社員たちは大迷惑です。決断が遅いから対応が後手に回り、しかも判断が不正確なので失敗もクレームも多くなります。

リーダーシップを発揮してキヤノンの改革を成し遂げた日本経済団体連合会の御手

洗冨士夫会長は私の尊敬する経営者の一人ですが、「熟慮断行」（為《な》すべきことをよく考えたうえで思いきって事を行うこと）を座右の銘にしているといいます。

御手洗氏の父親は外科医で、手術の前に徹底的な検査で患部を調べて、いざメスを握ると迅速に処置をすることを心がけていたとか。御手洗氏は、その教えをビジネスに活かして成功を収めたのでしょう。

問題を深く分析することもなく、それでいて決断をだらだらと先送りするような人は、部下にとって最悪の課長です。もし自分にその傾向があるようなら、いますぐ、意識して改めるべきです。

●課長に必要なモラルとは？

不正に精通したうえで、きれいごとを貫く

利益を上げるために、困難だが社会的に正しい手段と、簡単だが倫理に反する手段があったとします。このとき現場のリーダーである課長がどういった対応を取るかで、組織の命運は大きく左右されます。

好んで不正を働くリーダーが最も危険であるのは当然ですが、意外に気をつけたいのは、いわゆる清濁併せ呑《の》むタイプのリーダーです。

このタイプは、一方できちんとした企業活動を行っているのに、利益のためには仕方がないと割り切って、反倫理的な行為にも手を染めてしまいます。なまじ罪の意識はあるだけに、バレないように隠れて不正を行いますが、発覚したときは後の祭り。正しかった企業活動のほうも影響を受けて、会社を傾かせてしまいます。

では、清濁の「濁」さえ呑まなければいいのかというと、そう単純な話ではありま

せん。なぜなら本人は正しい手段でビジネスをしていても、相手の不正によって被害を受ける場合があるからです。

例えば、

「取引先を信じて商品を卸したのに、じつは相手方の計画倒産で、代金をもらう前に逃げられてしまった」

「長年つき合いのあった仕入れ先から、とんでもない不良品をつかまされて、それを販売した自社のほうの信用にまで傷がついた」

といったケースは、けっして珍しくありません。

そう考えると、最も頼れるのは、清濁をよく知ったうえで正しい手段を的確に選べるリーダーでしょう。

ビジネスはきれいごとだけでは済みません。それをよく理解したうえで対策を打ち、なおかつ自分はきれいごとに徹して、堂々と明るい道を歩く。リスクを避けるには、それが最も有効です。

●課長になったら、まず何をどうすべきか？

前任者を乗り越えてこそ本物のリーダー

ある中堅メーカーの課長から、こんな相談を受けました。

「前任者が部長になり、この課を引き継いだのですが、課員の多くはいまだに前任者の顔色をうかがって、こちらのいうことを素直に聞いてくれません」

これはけっして珍しい悩みではありません。とくに前任者の業績が良ければ良いほど影響力が色濃く残ってしまう。そのなかでリーダーシップを発揮するのは、たしかに至難の業です。

例えば前任の課長が作ったマニュアルに縛られたり、実績が多少劣っているせいか、自分のカラーを出せなかったり。前任者が優秀であるほど、後任は動きづらくなるものです。

そこでリーダーシップを発揮するには、あえて前任者が至らなかった点を克服するくらいの強い意識が必要なのです。

トヨタが誇る世界初の量産ハイブリッド車「プリウス」をご存知でしょうか。一九九七年に発表された初代プリウスは、従来のガソリン車と比べて燃費を約二倍に向上させて、環境問題に敏感なユーザー層から支持されました。環境にやさしい量産車を作るという目的は、見事に達成されたといっていいでしょう。

初代の評判が良かっただけに、二代目プリウスの開発リーダーは大いに悩んだはずです。二代目での燃費のさらなる向上は当然として、それだけで初代を超えられるのか。そこで後任の開発リーダーが下した結論は、初代が切り捨てていた自動車本来のスピードや操作性を追求することでした。

運転の楽しみを追求した二代目プリウスは、初代を大きく上回るペースで売れ続けて、一般ユーザーにも支持が拡大。〇七年には累計一〇〇万台を突破。もし後任リーダーが初代の良さを引き継ぐことしか考えていなかったら、プリウスは、いまも「環境問題に関心のある人だけが乗る車」だったに違いありません。

●部下を育てるにはどうすればいいか？

答えを教えずにビジネスの視点を教える

医薬品の商社に、部下の指導法が対照的な二人の営業課長がいました。

Aさんは部下の指導に熱心で、細かいところまで指示を出してサポートするタイプ。Bさんも部下と積極的にコミュニケーションを取りますが、具体的な指示は一切出さず、考え方のヒントしか与えません。Aさんのやり方が親切だと考える人が多いかもしれませんが、部下を育成するという視点に立てば、正解はBさんです。

Aさんのように具体的な答えを教えると、短期的には成果が出ます。しかし、答えの出し方が身についているわけではないので、状況が変われば、部下に再度、答えを教えなければいけません。それでもAさんの目が届くうちはよかったのですが、営業マンを増員したところ、指導が行き渡らなくなり、Aさんの営業所の業績は頭打ちになってしまいました。

一方、Bさんは答えを出す考え方だけを教えたので、部下が答えを見つけて成果を出すまで時間がかかりました。ただ、答えを出すノウハウを学んだので、環境が変わっても部下は自ら答えを出せます。実際、Ｂさんの営業所は、増員すればするほど業績も伸び、のちに営業所長に出世するような優秀な営業マンを数多く輩出しました。

では、答えを出すために必要な考え方とは何でしょうか？

一言で言えば、それはビジネスの物の見方です。具体的に言うと、**「どんな傾向があるのか」、「何が変化したのか」という顕著性と、「その傾向や変化がどんな意味を持つのか」という意味合い。この二つの問いをつねに頭のなかに持って物事を眺めることで**、問題やその解決方法は見えてきます。

例えば売上が伸び悩んでいる営業マンがいたら、

「あのお客様はもっと買ってくれるかもしれないからアプローチしてごらん」

と直接的に教えるのではなく、

「お客様それぞれの売上を調べれば、何か見えてくるかもしれないね。売上が減っているお客様がいたら、それはどういう意味だと思う？」

というように、その意味を考えさせて、自分で答えを出せるように導いてあげる。

こうした経験を持った部下は他の問題に対しても、同じように自ら答えを見つけ出すはずです。

つまり課長は、成果の出せない部下に対して、

「そもそも何が理解できていないのか。それが理解できない原因はなにか」

という原因の原因まで掘り下げて洞察することが求められます。それさえ分かれば、部下が自ら答えを出せるようなヒントを示せるようになり、部下も自分で「気づく」喜びを得られるのです。

第2章

課長が知っておくべき人間関係の原則

利益を上げている会社と比較して、とくに赤字会社の再生で重要となるのは人間関係。そこで働く社員はもちろん、取引先やお客様の協力は不可欠です。

どんなに能力のある人でも、自分一人でできることには限界があります。それを自覚したうえで、大勢の人の力を借りながら仕事を成し遂げるのが優秀な課長の役目です。

では上司や部下、取引先と良い関係を築いて、協力を引き出すには何が必要なのか。「おやっとノート」のなかから、人間関係に関連する項目を抜き出してみました。

●人格を磨けば、信用を得られますか？

ビジネスの信用は、お金の払い方に比例する

ビジネスの人間関係に欠かせないものは何か——。

よく若手の課長たちを対象にした勉強会で、彼らにそのように質問すると、「誠実さ」「ウソをつかないこと」「約束を守る」「思いやり」といった答えが返ってきます。

これらはどれも重要なファクターですが、とくにビジネス上の人間関係では、人格に優先して求められる要素が一つあります。

それは「金払い」です。

ビジネスの世界で信用といえば、債務を履行する——つまり約束通りにお金を払うことを意味します。口ではどんなに立派なことを言っても、あるいは実際に誠実な対応をしていても、決められた通りに支払いができない会社の信用はゼロ。もし手形と

いう形の約束を守れなければ、不渡りで倒産です。シビアですが、それが現実。

資金繰りが悪化して、どうしても支払い期日に払えないかもしれないというリスクが生じた場合、速やかに、かなり事前に悪い情報を伝えておく人と、当日とか直前になって伝える人とに別れます。このような状況下になると、後者の人が圧倒的に多いのですが、当然、後者の人はこれで完全に信用をなくしてしまいます。


金払いの悪い人やお金に汚い人は、ビジネスパーソン個人の関係においても信用をなくします。

「あの業者の担当者と仲がいいから、二、三日、入金が遅れてもかまわないだろう」

「あの業者に発注するかわりに、キックバックを要求しよう」

「給料が安いから、出張費を水増しして請求しよう」

こんな考えでは、いずれ誰からも相手にされなくなるのは当然です。

「本音はお金が欲しいだけだろう」

と相手に受け取られます。

お金は、人間の欲望がストレートに反映されやすい部分です。だからこそ、つねに自分を戒めて、お金に対してきれいでいることを心がけてください。

●信頼を勝ち取るコツは？

頼まれたことは、その場ですぐに手をつける

信頼を得るために、二つの習慣を身につけてください。

それはまず、**何か頼まれたときはその場でファーストアクションを起こす**こと。最初の行動が早いほど、相手は「自分が大事にされている」と感じてくれます。

例えば上司から取引先との打ち合わせのセッティングを頼まれたら、その場で先方に電話をかける。うまくアポが取れればＯＫですが、あいにくアポが確定しなくても、相手の依頼に対して高いプライオリティ（優先順位）を置いていることが伝わります。

さらに第二として、**頼まれたこと以上の仕事をする**ことです。取引先とのセッティングを頼まれたら、日時や場所だけでなく、一緒に打ち合わせの資料も作る。あるいは新聞記事のコピーを頼まれたら、日付と新聞名、出典もわかるようにしておく。こうしたひと手間に、相手は自分への敬意、リスペクトを感じ取ります。

●人に仕事を頼むときは？

依頼内容と同時に、三つの情報を伝える

仕事を頼んだのに、期待していたような働きをしてもらえない。その原因は、相手（部下）よりも自分の頼み方に問題がある場合も多いようです。あなたは人に仕事を頼むときに、内容と同時に次のような三つの情報を伝えていますか？

◉その仕事をやることにどんな意味があるのか（メリット）
◉いつまでにやってほしい仕事なのか（デッドライン＝締め切り）
◉どんな方法で実行するのか（ノウハウ）

仕事の対価として得られるメリットを示すことが大切です。とくにこれは最初に話したほうがいい。成功しても失敗しても自分に何の影響もないと思うと、仕事への取り組み方が甘くなるものです。仕事の目的金銭的な報酬に限らず会社からの評価、社

会的意義、ビジネスパーソンとしての成長、より大きな仕事につながる可能性など、さまざまなメリットをさりげなく伝えることで、相手のやる気を引き出してください。

デッドラインが曖昧《あいまい》だと、相手はその仕事をいつまでに終わらせるべきなのかがわかりません。その結果、あなたが頼んだ仕事は後回しにされてしまうかもしれません。それを避けるには、「なるべく急いで」、「完成しだい提出して」というような曖昧な表現で頼むのではなく、締切りとして具体的な期日を設定すべきです。

依頼内容を実行するための方法論（ノウハウ）を伝えることも重要です。例えばお客様に配る販促用の資料作成を頼むなら、

「どんなデータを盛り込むのか」
「必要なデータは社内のどの部署が持っているのか」
「下書きの段階で○○部の××さんに見せたほうがいい」

など、仕事を進めるうえでのノウハウを提供します。仕事の進め方を伝えれば、相手はスムーズに作業ができるし、出来上がりがこちらの意図と違って、結局自分でやり直すハメになるというケースも減るはずです。

もちろん、時間的に余裕があれば、ノウハウを先に自分で考えさせるほうが部下の成長につながります。

●上司や部下をうまく説得するには？

相手のモノサシに合わせて表現方法を変える

業績がここ一年で急速に悪化した繊維メーカーの再建のとき、生産現場の課長が私のもとに直談判にきたことがありました。業務効率化のためにソフトウェアを導入したいが、上司が理解してくれないというのです。

「このソフトを使えば○○の作業が簡単になって、現場の負担が軽くなります」

この説明では、上司はイエスと言わないはずです。彼はソフト導入のメリットを現場でしか通用しない言葉で説明していたからです。この発言では上司に、

「自分が楽をしたいからだろう」

と受け取られても仕方がありません。

同じ説明でも、次のようにアピールすれば、上司の反応は違ったはずです。

「このソフトを使えば、一日二時間の短縮ができて残業を減らせます。人件費でいえば、間違いなく、1.5人分のコスト削減につながります」

同じ事柄でも、立場が違えば、着目する角度や心に響く表現が変わります。それを考慮しないで自分のためになるメリットだけを説明したところで、相手は動いてくれません。この上司は何を基準に価値を測るのか。つねに相手のモノサシに合わせて言葉を選ぶべきです。

先ほどの例で、今度は逆に上司がソフトウェアの導入を進めたい場合も同じです。コスト削減を掲げて無理に導入しても、現場は非協力的なまま。それよりも、「このソフトを使えば○○の作業が楽になるから、それだけボーナスに直結する業務に時間を割けるようになるはず」

と言って説得したほうが、抵抗はずっと少なくなります。

具体的に言えば、上司に対しては会社や部署単位の数字を、部下に対しては個人の数字をモノサシにすると、相手にメリットが伝わりやすくなります。

この原則は、社外の人を説得する場合も変わりません。現場の担当者にも、決裁権を持つ部長クラスにも、同じ表現でプレゼンしている人は、おそらく成績が伸び悩んでいるはず。同じメリットを伝えるのでも、相手のポジションに合わせて言葉と表現方法を変えるべきです。

●部下のやる気の引き出し方は？

褒めるときは全体よりピンポイントを

「部下をきつく叱るとふてくされるし、褒めるとつけあがる。まるで子供です」

ある会社のマネージャー（課長クラス）から、こんな悩みを打ち明けられました。

若い社員の幼さは、社会人としての経験を積んでいけば自然に改善されていくものです。とはいえ、現場を預かるマネージャーにとっては、一人前に育つまで彼らの成長を待っていられないのが現状でしょう。**部下のやる気を引き出す褒め方・叱り方には、ちょっとしたコツがある**ようです。

まず褒めるときは、全体ではなく、部分に焦点を当てることが大切です。全体を手放しで褒めると、相手によっては、

「自分を乗せようとして無理におだてているのではないか」

と勘繰ります。それよりも、ある部分に絞って褒めた根拠を示したほうが、言葉に真実味が出ます。例えば難しい商談をまとめた部下にならら、

「厳しい商談だったが、よく頑張ったな。キミならできると思っていた」

というような漠然とした褒め方より、

「キミの交渉力は見事だった。あの最後の場面で、よく粘り強く我慢したよ」

というようにピンポイントで褒めたほうが、部下も素直に受け取ってくれます。


一方、叱り方で気をつけたいのは、本人の意思では改善できない部分を叱ることです。例えば書類の記入ミスを指摘するときに、

「どうしてオマエはそんなに頭が鈍いんだ！」

と怒るのは厳禁。頭の回転は、たとえ本人がやる気になっても一朝一夕に改善できる問題ではありません。そこをあげつらうのは、ただの悪口。部下はいじけるか、反感を持つだけです。別の言い方をするなら、**「できる／できない」を問題にするのではなく、「やる／やらない」を基準に叱るべきです。**「できる／できない」は、能力や環境など、本人の意思ではどうにもならない部分が影響しますが、「やる／やらない」は、一〇〇％、本人の意思。同じミスを叱るのでも、

「どうして提出前に確認しなかったんだ！」

というように、意思の部分を叱ったほうが、本人の反省につながります。

●上手な報告や指示の出し方は?

若い部下への指示は頭から話す

赤字会社の課長に見受けられる特徴として、その話し方に多くの共通点があります。それは仕事の報告がやたらに長く、その内容もかなり後ろ向き。結果が出なかったことに対する言い訳や、新たに仕事を増やさないための予防線をとにかく並べる。そしてこちらが結論を促すと、最後に「できませんでした」という答えが返ってきます。

上司に報告するときは、まず結論から話して、必要に応じてあとから理由を説明するという手順が正解です。

これはビジネスの初歩ですが、赤字会社の社員のように、悪い報告しかできない立場に置かれると、結論を後に回して、まず言い訳を並べるという悪いクセがついてしまうのでしょう。

たとえ悪い報告でも、まず結論から話す習慣を身につけるべきです。

結論から話す習慣は、上司への報告に限らず、会議や打ち合わせなど、ビジネス全般で求められます。ただし、例外がいくつかあります。例えば若手社員、とくに入社して間もない新人に指示を出す場合がそうです。部下に、

「明後日までこの資料をまとめておいてくれ」

と指示を出したとします。この結論だけを聞いても、部下は資料の目的がわからず、上司の意図と違うまとめ方をしてしまうかもしれません。そこで必要に応じて資料の用途やまとめ方を伝えるのが、一般的な指示の出し方。ある程度のキャリアを積んだ社員なら、このやり方が最も効率的です。

しかし、**相手が若手社員の場合は、教育という視点も重要になります。そこで、なぜ自分がこの結論に至ったのかというプロセスを頭から説明してあげるのです。**もちろん自分で考えさせることも大切ですが、入社間もない社員は、考えるためのビジネスの地頭がありません。個人差はありますが、少なくても入社三年目までは、このやり方でビジネスの基礎を叩き込んだほうがいいと考えています。

じつはこの手法は、赤字会社の再生に取りかかるときにも使います。赤字会社の社員はキャリアを十分に積んでいますが、思考のプロセスにどこか間違いがあるからこそ、赤字という結果を招きました。思考のフォーマットを書き換えるには、やはり一度は最初から説明する必要があるのです。

●取引先との人間関係で注意すべき点は？

取引先との関係は、一対多で考える

三年ほど前の話ですが、あるメーカーの営業課長からこんな相談を受けました。

「シェア二割を持つ大手小売チェーンA社に商品を卸しているが、売り方が強引でエンドユーザーからもクレームがきている。このままでは自社のイメージダウンになりそうで心配だが、大手なので迂闊《うかつ》なことは言えない」

彼の心配はよくわかります。取引先の方針に下手に口を出せば、相手を怒らせて商品を扱ってもらえなくなる危険があります。とくに市場の二割を押さえている大手が相手なら、慎重になるのは当然です。

しかしそのとき、私はあえてこちらから取引を断ったほうがいいとアドバイスをしました。というのも、本当に注意すべきは、市場の二割を押さえているその一社ではなく、残りの八割を構成する他の多数の小売店にあるからです。

A社のやり方は、業界でも疑問を投げかけられていました。いわば業界の鼻つまみもの。厳しい言い方ですが、鼻つまみものとつき合っていると、こちらまで鼻つまみものにされます。目先の利益を追って一社とだけつき合った結果、他の小売店からソッポを向かれてしまえば、もっと大きなダメージを受けることになります。

このメーカーがA社との取引をやめたところ、一年目は売上が大きく下がりました。しかし、二年目はA社との取引をやめる前より売上が増えました。それは、市場の八割を押さえる小売店の多くが応援してくれて、取扱量を増やしてくれたからです。

取引先との関係は、一対一で完結しません。一社とのつき合いは、良くも悪くも必ず他の取引先に影響を与えます。

例えばある取引先から値下げを求められたとき、

「この取引先だけならいいか」

と認めてしまうのは、目先のことしか考えていない証拠。こっそりとやっているつもりでも、いずれ情報が漏れて、

「うちも値下げしてよ」

と他の会社から求められるようになります。

取引先一社との深いつき合い方が、他の取引先とのつき合い方を左右するのです。

取引先との関係は、つねに一対多の意識を持って判断してください。

●情報はどう伝えるべきか？

不利益な情報こそ、真っ先にオープンに！

人に何かを頼むときに伝えるべきかどうか――。それは相手の不利益や障害になるマイナス情報です。

例えば部下に資料のまとめを頼みたいが、その資料というのが段ボール一箱分もあって、期日までにまとめるためには五日ほどの残業が必要になるとしましょう。最初にこの状況を伝えると、拒否される恐れもあります。そこで少し知恵の回る人なら、まず相手に「やる」と言わせてから、残業が必要になることを伝えます。

しかし、仮にその仕事を無理やり、やらせたとしても、相手の心には「騙《だま》された」という感情面のしこりが残ります。これでは次に仕事を頼む必要性が生じたとき、快く引き受けてもらうのは無理。たった一回の依頼と引き換えに信用を失うのは、けっして賢い選択ではありません。

相手に伏せておきたいマイナス情報は、まず包み隠さず伝えるべきなのです。もしそのせいで相手に拒否されても、

「この人はウソをつかない」

という信用が残ります。その積み重ねで強固な信頼関係が築かれれば、やがて不利益になるような仕事でも、

「この人のために一肌脱ぐか」

と考えて、積極的に協力してくれるようになります。

相手に不利益があるが、どうしても引き受けてもらいたい場合は、マイナス情報と一緒に、それを上回るメリットや不利益の解決策を伝えてください。

「この資料は役員会で使うものだから、社長の目に留まるかもしれない」

「キミが抱えている仕事は締切りを延長してもらうように、僕が上司に掛け合うよ」

いずれにしても、仕事を依頼するときは相手がすべて納得したうえで取りかかってもらうことが重要です。

また最近は、Ｅメールで仕事の連絡を取り、情報を伝える機会が増えてきました。メールは気軽に使えるコミュニケーション・ツールですが、それだけに使い方しだい

で毒にも薬にもなります。

私が心がけているのは、読んだらすぐに返事を書くことです。

メールは対面や電話と違い、相手の時間を拘束せずに用件を伝えられるメリットがあります。ただ、それも諸刃《もろは》の刃《やいば》。リアルタイムのコミュニケーションではないので、相手からの返信が遅いときなどは、

「きちんと読まれなかったのではないだろうか」

「ニュアンスがうまく伝わらず、誤解が生じているのではないか」

といった不安が頭をもたげてきます。

そういった相手の不安を和らげるには、とにかくこちらが素早く返事を書くこと。それにつきます。

原則は、忙しくても返事はその日のうちに。検討に時間が必要なマイナス情報の場合でも、**最低限、メールを受け取った旨を返信するのがビジネスマナーです。**

●相手に熱意を伝えるには？

熱意とは、仕事の〝準備の量〟のこと

赤字だった会社の立て直しが軌道に乗ると、課長を始めとする社員の多くがやる気になって、さまざまな企画を提案してくるようになります。

ただ、なかには上司に認めてもらうために、ポーズとして企画を出してくる人もいます。そのようなずるい社員に限って、口だけは達者です。

「この企画に賭けています」

「絶対に成功させる自信があります」

などと言って、とにかく熱意を言葉で示そうとします。

しかし、表面的な熱意が通じるほどビジネスは甘くありません。ある程度のキャリアを積んだ上司には、すぐに見破られてしまうはずです。

では、自分の熱意を伝えるにはどうすればいいのでしょうか。

私がチェックするのは、仕事の準備の量です。

本気で企画を実現させたいなら、企画書に書ききれない部分まで自分なりに調べているはずです。その部分について質問して、きちんと答えが返ってこなければ準備不足。本気度が足りないと判断して企画は却下します。

熱意を準備の量で測るのは、企画に限った話ではありません。

海外赴任を希望しているが、英語をまったく話せないし、勉強もしていない――。

営業マンが必死に売込みにきたが、こちらの事業内容についてよく知らない――。

こんな状況では、いくら口で熱意を伝えられても、信じられるわけがありません。

熱意を相手に理解してもらうには、それ相応の準備が必要不可欠なのです。

●どうすれば有益な人脈をつくれますか？

人脈はつくるものではなく、自然にできるもの

最近、三〇代の若手ビジネスパーソンから、人脈のつくり方についての質問を受ける機会が増えてきました。

ひと昔前は、人脈づくりのために、異業種交流会などに参加して顔を売るというやり方が流行《はや》っていました。しかし、名刺を交換したぐらいでは人脈にならないことに多くの人が気づき、別のやり方を模索し始めています。ここ数年で人脈に関する質問が増えたのも、そんな背景があるからでしょう。

ただ、人脈づくりのノウハウを聞かれても答えに窮します。というのも、

「人脈はつくるものではなく、自然にできるもの」

というのが私の持論だからです。

人脈づくりを意識して人に近づくと、どうしても下心が透けて見えてしまいます。

下心で結ばれた関係は、とてももろいもの。一時的に協力関係を結べても、ほとんどの場合、長続きしません。

下心があってもお互いに利害が一致すればいい、という考え方も間違いです。利害が一致していれば問題はないのですから、そもそも人脈の出番はありません。利害を超えて協力が必要な場面でこそ、人脈というものは意味を持つのです。

では、**どうすれば人脈が自然にできるのか。それには、誰に対しても誠実でいること以外にない**と思っています。

ビジネスの現場でこれを守るのは意外に大変です。忙しさを言い訳にして、立場の弱い相手におざなりな対応をしてしまったり、損得で判断して、相手の肩書を見て接し方を変えたり。みなさんも、相手に悪いと思いつつ、不誠実な対応をしてしまった経験が少なからずあると思います。

誰に対しても誠実でいることが難しいからこそ、いざというときに人は、誠実な人のもとに集まるのです。それが結果的に人脈となり、いつか自分を助けてくれます。

きれいごとに聞こえるかもしれませんが、人が心を許すのは、そのきれいごとを本気で実践している人だけです。そのことを忘れないでください。

●職場の人間関係に悩んでいます……

嫌われてもいいから信頼されなさい

好き嫌いの感情は、仕事のパフォーマンスに大きく影響します。

お互いに気の合う仲間と仕事をすればやる気が出るし、逆に気の合わない仲間と仕事をすると、モチベーションが下がって結果もふるわないことが多いはずです。そう考えると、人に好かれることは、ビジネスで成功するうえで、かなり重要な要素であることがわかります。

ただ、相手に好かれようとするあまり、信頼を失うような真似《まね》をしてはいけません。例えば上司が部下に好かれようとして、叱るべき場面で目をつむってしまう。あるいは部下が上司の機嫌を取るために、他の上司の悪口を言ってゴマをする。とりあえずその場は嫌われずにすむかもしれませんが、相手は内心、

「こいつはいい加減で信用できないな」

という評価を下す場合が多い。そう思われたら、仕事で協力を得るのは困難です。

ここで考えてみてください。

例えば、次の二者択一……。

いい人だが信用できない人と、気は合わないが信頼できる人。

課長のあなたがビジネスパートナーとして一緒に組みたいと思うのは、はたしてどちらのタイプでしょうか。

私に限らず、ほとんどの人は後者と答えるはず。つまり信頼は好き嫌いを超えて優先されるものなのです。

ビジネスを成功に導くうえで、相手に好かれることは十分条件ですが、信頼されることは絶対必要条件。もちろん好かれるに越したことはありませんが、たとえ嫌われても、信頼を失うようなことだけはしない――。

それさえ肝に銘じておけば、少なくとも人間関係が仕事の足を引っ張ることはなくなるのではないでしょうか。

第3章

課長が考えておきたい
売上アップの原則

課長からの質問のなかでも、とくに多かったのは売上をつくる仕組み、つまり営業や販売に関する悩みでした。

どうすれば商品が売れるようになるのか――。

売上を伸ばすためには何が必要なのか――。

まず、管理職の第一歩である課長として、その部分の知識と実践的なノウハウを知ることが大切だと思います。

売上とは社員の頑張りと、お客様の好意の結果

●売上って、いったい何ですか？

実際に経営の中枢に立てばわかることですが、**売上は企業活動のなかで最もつくるのが難しい数字**です。

極論すれば、財務指標の多くは経営者の才覚でつくることができます。リストラなどをすれば経常利益は増やせるし、銀行からお金を借りればキャッシュフローも改善します。

しかし、売上だけはそう簡単につくれません。いくら経営者ががいても、社員が頑張っても、商品が売れなければ売上はあがりません。

さらにたとえ社員が一生懸命に営業活動をしても、商品やサービスがお客様の支持を得なければ売上になりません。つまり売上とは、社員の頑張りとお客様の支持があってはじめて成り立つ数字なのです。

●売れないときは、値下げしてでも売るべきか？

タイミングを逃すと、誰ひとり買わない

「売れ行きが鈍ったので値下げをしたが、ますます売れなくなった」と、ある小売業の販売課長から緊急の相談を受けたことがありました。

値下げをしなければ売れないような商品は、そもそも仕入れないことが原則です。ただ、在庫を抱えてしまった場合や、品揃えなどで営業戦略上必要がある場合は、値下げという選択肢も当然、あり得ます。その会社が値下げに踏み切ったのは過剰の在庫が原因でした。

一般的に値下げをすれば販売数量が増えて、売上は改善またはキープできます。では、この会社が値下げに踏み切っても売上が伸びなかったのはなぜでしょう。

それは値下げのタイミングを見誤ったからです。市場に飽きられるスピードに値下げが追いつかなければ、小売価格一〇〇円の商品を半額の五〇円にしても売れません。半額で売れないなら、いっそのこと一〇円で投げ売りすればどうか。これも結果は同

じ。飽きられてしまった商品は、値段を１／10にしたところで売れないのです。

あるミネラルウォーターが、かつて女性を中心にブームになりました。ミネラルを摂取したいがカロリーも気になるという女性のニーズに、カルシウムやマグネシウムを多く含むこの飲料水がぴったりと合致。当初は通常のミネラルウォーターより高い一本四〇〇円（1.5Ｌ）でも飛ぶように売れました。

ところが、多くの業者がその商品に目をつけて大量に仕入れた結果、徐々に値崩れが始まりました。最近では一本二〇〇円を切るケースも珍しくありません。それでも売れないのか、つい先日は一本七〇円ほどで販売している業者をネットでみつけました。ブームが去ることを予感して、いち早く値下げをして売り切った業者は、それなりの利益が出たはずです。しかし、値下げのタイミングを逸したために、いまもたくさんの在庫を抱えて困っている業者も少なくありません。

投げ売りしても売れ残れば、最終的には廃棄のコストもかかります。売れないだけで大きなロスを出しているのに、さらに廃棄コストが加わればダブルで赤字です。

後手に回った値下げは、百害あって一利なし。そんな事態に陥らないように、商品価値の鮮度につねに気を配り、早めの処分を心がけるべきでしょう。

●営業力は強いのに売上が伸びません。何が原因？

製品力、販売力、取引制度の三つの仕組みが重要

三〇代前半の若手の営業課長から、「ウチは若さが武器。営業力には自信があるのですが、なぜか売上が伸びない」と悩みを打ち明けられました。その会社のコンサルティングをしたところ、たしかに営業力はすばらしいものがありました。しかし、一方で製品開発と流通に弱く、それが売上の足を引っ張っていることもわかりました。

商品を売るためには、「良い製品を作る仕組み」「販売する仕組み」「流通の仕組み（取引制度）」という三つの仕組みが必要です。このうち何か一つに突出していたとしても、他の二つが弱ければ売上を増やすのは困難です。

例えばどんなに世の中のニーズに合致した商品でも、それを効率よく流通に乗せて販売する仕組みがないと、ヒットは生まれません。これは取引制度にアドバンテージ

を持つ会社も同じです。たとえ全国にネットワークがある問屋へ卸していても、製品に魅力がなく、営業が弱くて少量しか扱ってもらえなければ売上は伸びないのです。

三つの仕組みを、もう少し具体的に説明しましょう。

「良い製品を作る仕組み」は、売れる商品を開発する仕組みと品質の良い製品を生産する仕組みに分かれます。コンセプトが良くても簡単に故障する商品は、すぐに悪評が立ち、たとえ高品質でも、付加価値のない商品はそもそも見向きもされません。開発力と生産力のどちらが欠けてもヒット商品は生まれません。

「販売する仕組み」とは、ズバリ、営業の仕組みです。営業マンに厳しいノルマを課すことが営業力強化の近道だと考える課長も多いようですが、それ以前に営業をサポートする仕組みがなければ、一人一人のパフォーマンスも高まりません。「人員は足りているか」「課として無駄のない営業活動ができているか」「顧客分析をして効率的な訪問ができる環境が整っているか」「営業ノウハウを指導できる鬼軍曹的な人物はいるか」など、一歩引いたところから営業の体制を見直してみましょう。

「流通の仕組み（取引制度）」に関しては、「直販するのか、業者（代理店、商社、問屋など）を通すのか」、「業者を通すなら、誰にどんな条件で卸すのか」という二つの切り口での見直しが必要です。これらの視点がないと、もともと競争力のある商品なのに、市場に出るころには強みが失われていたり、そもそも市場に出回らないという最悪の事態も起こり得ます。

流通の仕組みは盲点になりやすいだけでなく、たとえ問題に気がついても、業界の古い慣習などが壁になって手を加えづらい部分です。問題点があれば、業者とのつき合いを大事にしつつも、思い切った改革をすることが大切です。

部下が若手の場合は、この三つの仕組みのうち、その部下自身が直接的にかかわる仕組みだけの仕事に取り組んでもらえばいいと思います。

しかし、それが許されるのは、せいぜい係長レベルまで。三つの仕組みが売上にどのような影響を与えるのかという構図が頭に入っていないと、より広い視野が求められる課長職になってから苦労します。

実際、冒頭に悩みを打ち明けてくれた課長は、販売する仕組みにしか精通していなかったせいで、売上減を招きました。将来、経営幹部を目指すなら、ぜひこの三つの仕組みの上手な利用方法を覚えておくべきです。

売れているかどうかは、返品率で一目瞭然！

●売れ行きチェックの正しい方法は？

商品の売れ行きを見極めるとき、必ず目安の一つにしたいのが返品率です。売上も指標の一つですが、市場との間に問屋や代理店が入る流通形態では、売上と実売に誤差が生じる場合があります。この場合は売上と同時に返品率をチェックしたほうが、実態をつかめます。

流通形態や業界にもよりますが、おおまかにいうと、**返品率が一五％を超える商品は市場に受け入れられていないと判断していい**と思います。季節商品でシーズンの終わりに返品率が五〇％を超えていたら、この商品は相当売れなかったと考えていい。

返品率が高いのは、商品を作り過ぎた（卸し過ぎた）か、商品そのものに何か問題があるかのどちらかなのです。

前者は比較的容易に調整できますが、後者の場合は、コンセプトから品質、価格設定まで、市場に受け入れられていない理由を分析して改善する必要があります。

●愛される接客って何ですか？

接客はあらゆる場面で発生する

営業の現場を統括している課長やマネージャーにとって最も切実な問題は、目の前のお客様に商品を買っていただけるかどうか。

そこで鍵を握るのが、営業活動の心構えやスキルです。

最近はどの会社でもマニュアルが充実して、ノウハウに関しては営業マン間で大きな差がつかなくなっています。にもかかわらず、売れる営業マンと売れない営業マンがいるのはなぜなのか。その秘密は、じつは現場にあるのです。

赤字会社の再生に乗りだすとき、まず最初に、現場の営業課長に徹底させる基本があります。それは、

「お客様と直接、応対するときだけが接客だと思うな」

ということです。

接客とは、顧客接点のことです。

人と人の接触時だけではなく、人と物、空間、時間など、お客様とかかわりを持つすべての場面で接客の姿勢が問われます。

友人の経営者から、こんな話を聞きました。

新居に引っ越したとき、新聞の拡販員が二人やってきました。友人はひとまず二紙を三か月間購読し、その後にどちらかを選ぶことにしました。三か月後、愛想のいいA新聞の拡販員は、洗剤や割引券などのおまけをたくさん持って契約継続の依頼にやってきました。一方、あまり愛想のないB新聞の拡販員は、洗剤を一つ持ってきただけでした。人と人との接触だけを考えれば、A新聞の圧勝です。

ところが、友人が選んだのはB新聞のほうでした。

決め手になったのは、雨の日の配達方法です。

A新聞は雨の日も普通に郵便受けに放り込んでいましたが、B新聞は新聞をビニールに包み、濡れないように工夫していたのです。

郵便受けは雨水が入らない構造になっていたので、結果的にはどちらの新聞も濡れることはありません。その点では、Ｂ新聞のビニール袋は無用だったでしょう。しかし、友人の心を動かしたのは、洗剤の山や拡販員の人当たりの良さではなく、

「万が一濡れたらページがくっついて読みづらいだろう」

というちょっとした心遣いでした。

最近は、こういう新聞販売店が増えてきましたが、これは、いわば物を介した接客の具体例の一つです。

顧客が自分の目の前にいない場面でも、どこかでお客様とつながっている。それを意識することが接客の基本であり、その積み重ねが売上増に結びつくのです。

●お客様が望んでいることは？

商品を売るより、相手に快くなってもらう

全国展開をしている、ある小売チェーンの店舗を視察したときの話です。混雑している店内で、お客様から「商品の特長を説明してほしい」と言われたスタッフが、ここぞとばかりに商品説明を始めました。ところが、お客様はスタッフの話を途中で遮《さえぎ》って帰ってしまいました。これはいったいどうしたことでしょうか。

そのスタッフは、接客の目的を履き違えていたのです。**接客は、商品を売るために行うのではありません。接客の目的はホスピタリティ（おもてなしの心）、つまりお客様に快くなってもらうことです。**スタッフは、騒がしい店頭で長々と説明をするより、まずはお客様がじっくりと話を聞けるように、静かな場所に移動すべきだったのです。

お客様に心地よさを感じてもらえれば、接客の半分は成功したも同然です。たとえその場で商品を買ってもらえなくても、「次もこの人に説明してもらおう」「この店のスタッフは話していて気持ちがいいから、また来よう」――そう思っていただければ、

長い目で見たときに、より大きな売上につながります。

また、優秀な営業課長やサービスマネージャーに共通している大きな特徴は、けっしてお客様に媚《こ》びへつらう接客をしていないことです。というのも、平身低頭の度が過ぎると慇懃無礼《いんぎんぶれい》になり、かえって相手を不快にさせてしまうからです。

必要以上に媚びへつらう人から商品を勧められると、相手の心に、

「何らか裏があるのではないか」

という猜疑心《さいぎしん》が生まれます。

それだけで済めばまだいいほうです。下心が伝わると、相手は、

「自分は一人の人間としてではなく、お金を払う人としてしか見られていない」

と感じとり、自尊心を傷つけられます。そうなると、どんな営業トークも逆効果。相手をますます不快にさせることになります。

偉そうな態度がいけないのは当然ですが、かといって下手に出ていればいいというのも間違いです。媚びを売れば売るほど、逆に商品は売れなくなります。さじ加減が難しいところですが、商品やサービスを提供することによってお客様を助けてさしあげるという意識を持てば、自然で、やさしさにあふれる接し方ができるでしょう。

部下の営業現場での接し方をあなたは知っていますか。

●話しかけるべきか、黙っているべきか

臆せずに、お客様の前に一歩出る

カメラを扱う小売店の経営指導にあたったときの話です。

その店では、スタッフがカウンターの内側にいて、お客様から質問などがあればそれに応対するというスタイルを取っていました。その店の顧客は、カメラ歴の長いマニアが中心。スタッフ側からあえて話しかけないのは、お客様が商品を吟味する時間を邪魔したくないという配慮からでした。ただし、売上は落ちる一方でした。

そこで方向転換して、スタッフがカウンターから一歩前に出て、お客様に積極的に話しかけるという方針にしたところ、お客様に大変喜ばれて、翌月の売上は約一五％も伸びました。邪魔しないほうがお客様も喜ぶというのは勝手な思い込みで、本当はお客様もスタッフから話しかけられることを望んでいたのです。

このカメラ店と同様に、

「用件があれば、お客様のほうからアプローチしてくるだろう」

と考えている販売員は少なくありません。私が見てきた四〇店舗の販売員の四割以上が待ちの接客姿勢でした。

しかし、それは間違いです。本当は、

「こちらからアプローチするからこそ、お客様が用件やクレームを教えてくれる」

のです。

ちなみにこのカメラ店のカウンターの幅は、一メートル弱です。わずかそれだけの距離をこちらから詰めるだけで、お客様もスタッフに心を開き、カメラに関する悩みや要望を教えてくれるようになりました。

待っているだけでお客様から近づいてきてくれるのは、非常にまれなケースです。最初の一歩は、あくまでもこちらから。

それが販売の鉄則です。

●営業トークをもっと上達させたいが？

話すより、聞く技術を磨けばうまくなる

これまで五〇〇社以上の営業現場を見てきましたが、最前線のマネージャー（課長職が中心）たちから受けた質問のなかで最も多かったのが、

「どうすれば売れる営業トークを身につけられるのか」

という悩みでした。私は小手先のテクニックより誠実さが大切だと思いますが、もし技術論で答えるなら、

「まず、お客様の話を九〇％以上聞き分ける耳と、そのスキルを身につけなさい」

と指導しています。昔から「話し上手は聞き上手」といいますが、これは営業の人にも言えること。営業トークが得意な人は、例外なくお客様から利益に結びつくような話を引き出す技術を持っています。


営業現場でお客様から聞き出したいのは、大きく分けて二つで、まずはお客様のニーズと予算（つまり懐具合）です。

「いま何に困っているのか」

「商品のどこに期待しているのか」

「それらのニーズに対して、いくらの対価を払う用意があるのか」

「本当にお金を持っているのか」

という情報を引き出せれば、営業は成功したようなもの。あとは予算のなかからお客様のニーズを満たすことができる商品を選び、ニーズに合致した特徴に絞ってトークを展開すればいい。

しかし、これらプロセスを無視して一方的に商品をアピールすると、的外れの営業トークになる危険性が大です。どんなに流暢《りゅうちょう》に商品の魅力を語っても、右から左に聞き流されてしまうでしょう。

営業トークを磨きたいなら、話す技術より聞く技術を身につけるべきです。相手の本音を引き出すためには、どのような質問が有効か。気持ちよく話してもらうためには、どのような相槌《あいづち》の打ち方がよいのか。それを突き詰めることで、営業トークは飛躍的に上達するはずです。

●もう一度来たいと思わせる営業トークは？

一〇個の特長より、一個の特長を一〇回説明

お客様のために誠心誠意、商品の説明をしているのに、かえってお客様の心が離れていく。赤字の営業部門の戦略見直しや立て直しで現場に同行すると、このように熱意が空回りしている人たちを多く見かけます。

彼らに共通する点は、熱心になるあまり、商品の特長を一つも漏らさずお客様に伝えようとしてしまうことです。

ところが、アピールする点が多くなると、一つ一つの特長がぼやけて、かえって印象が薄くなってしまいます。残念ながらこのやり方では、トークをすればするほどお客様は商品への興味を失うでしょう。

営業トークは、お客様が関心を持つ点や競合商品と比べて優位性のある点に絞って

展開すれば十分です。

仮に一〇個の特長があるなら、それを一回ずつ一〇個を説明するより、一個の特長に絞り、お客様に浸透するまで一〇回でも二〇回でも説明する。同じ時間をかけるなら、そのほうがずっと相手の心に残ります。

一つに絞ることが難しい場合でも、せいぜい三個までに抑えてください。それ以上はお客様の関心が分散されるだけなので注意してください。

過去のケースからいっても熱意が空回りしていた営業マンの多くは、この点を意識させるだけで成績が大きく伸びました。

覚えておいて損はない方法です。

●お客様の見極め方は？

きちんとお金を払う人が最優良の顧客である

たくさん買ってくれるけど支払いが遅れがちなお客様と、購入額は小さいが前払いしてくれるお客様。みなさんならどちらのほうが優良顧客だと思いますか？

このような質問を、私が相談に乗っている多くの課長たちに投げかけると、

「支払いが遅れても多く買ってくれるお客様がいい」

と答える人が少なくありません。しかし、正解は逆です。

あたりまえのことですが、売上というものは現金化してようやく売上になります（会計上の処理は別です）。たとえ額が大きくても、売掛金が未回収のままでは、まだ買ってもらったことになりません。きちんとお金を払ってもらって、そこではじめてお客様と呼べるのです。支払いが遅れるお客様は、会社のキャッシュフローを圧迫しますし、それを補うために金融機関から借入れると、余計な利子を払うことになります。

多くの赤字企業で再生の指揮を執《と》るとき、じつはまず、最初に手をつけた仕事は、お金に関しての〝お客様のランク分け〟でした。現金払いか、手形払いか。期日通りに支払いがあるか、遅れることがあるのかないのか。それによって五つにお客様を分けて、支払いが遅れるお客様には納品時の現金払いを強くお願いしました。

その条件を飲んでいただけなければ、最悪の場合、お客様になっていただかなくてもかまわないという覚悟でした。その結果、一部のお客様とはおつき合いがなくなりましたが、キャッシュフローが大幅に改善されて、再生の具体策を次々と実行に移すことができました。もしあのときに厳しい態度で臨まなかったら、そのメーカーはいまでも赤字にあえいでいたかもしれません。

オンライン決済が普及していなかった時代は、営業マン自身が売掛金の回収に出向くケースが多く、入金の重要性について十分に理解されていたと思います。

ところが、オンライン化に加えて、最近は組織の効率化が進み、販売と売掛金の回収を別の人が担当するという会社が増加。そのせいか、入金の約束を取り付けたらそこで終わりだと考えてしまう営業マンも多いようです。

本来は、入金を確認するところまで営業マンの責任。目先の購入額の大きさにとらわれず、きちんと支払いができるかどうかでお客様を判断してください。

差別化に成功した会社はつぶれない！

●会社の競争力って、いったい何ですか？

どの企業にも、必ず競合相手が存在します。かつてはオリジナルの商品やビジネスモデルで、簡単に差別化を図れた時代がありました。

しかし、いまのような情報化時代では、どんなに優れた商品であろうとビジネスモデルであろうと、あっという間にライバルに真似《まね》されてしまいます。ひと言でいって容易に差別化ができない時代、というのがいまの経営者の実感でしょう。逆にいうと、そこで大きな差別化に成功すれば、それが大きな売上を呼び込むことになります。

はたして、ライバルを打ち負かすにはどうすればいいのか。そのヒントは、じつは意外と単純なのです。

ではライバルに勝つための差別化とは？

そのためには商品そのものの〝差別化〟はもちろん、ブランドイメージ、売り方、サービス体制など、企業活動のあらゆる面での差別化が積み重なり、それが企業のゆるぎない競争力をつくり上げるのです。

どこを切り取っても平均的に良い評価を得られるが、競合他社との違いがわからない商品。欠点もあるが、何か一つ決定的に差別化できている商品。この二つを比べると、市場で生き残るのは後者のほうです。

労力やコストは、平均点を全体的に引き上げるためより、他社がけっして真似できないレベルまで差別化を進めるために優先的に使うべきです。これが市場での競争力を高め、シェアを上げる鉄則です。

●失敗のない差別化のやり方は？

世の中がブレたときこそチャンス

差別化が重要というと、奇をてらって極端な差別化を図る人がいます。それで成功する場合もありますが、世の中の流れに逆行する極端な戦略は諸刃の刃。失敗して散々な目にあうリスクを覚悟しておかねばなりません。

では、どうすれば優位な差別化ができるのか。経営指導の現場で私がよく言うのは、「ライバルたちの計画・実行がブレたときこそ王道を歩く」という戦略です。実例を紹介しましょう。

デフレスパイラルによって眼鏡業界で極端な値引き合戦が始まっていたころ、当時私が社長を務めていたニコン・エシロール社は、あえて高付加価値・高価格の新商品の発売に踏み切りました。時代に逆行する戦略で、当時は社内外から疑問の声が上がりました（こんな高額な商品は絶対に売れるはずがないと……）。しかし、フタを開けてみると、その新商品は大ヒット。業績回復に大きく貢献しました。

周りが値下げをするときに、逆行して一人自分だけ価格を上げる。これが結果的に他社との大きな差別化になりました。ただし、奇をてらったつもりは一切ありません。高付加価値商品を高く売るという戦略は儲けの基本であり、むしろ過度な値引き合戦というイレギュラーな方向に突き進んでいたのは他社のほうだったわけです。**高価格商品は利益率が高く、安価な商品と同じ売上でも大きな利益を得られます。**ところが市場全体のデフレ傾向に引きずられた結果、低コストで生産する目途も立たないのに安売りする企業が続出しました。

そしてその先に待っていたのは利益率の驚くほどの低下。安売りは、よほど体力のある企業でないと乗り切れない奇策であり、本来は避けるべき戦略なのです。

じつはこのようにみんなが奇策に打って出たときこそ、差別化のチャンスです。特別なことをする必要はありません。とても単純なことですが、他社が極端な方向に流れているのだから、そのときこそ基本を忠実に守れば、それだけで差別化になります。

例えば他社が営業効率化のためにインターネット販売に注力するなかで、逆に社内の営業マンのスキルを磨いて対面販売を強化する。またライバルが低コスト生産のために海外生産に乗り出すなら、国内生産で品質に徹底的にこだわってみる。これも立派な差別化です。

●競争に勝ったのに、売上が伸びない原因は？

市場が広がらなければ、売上は必ず下がる

例えば競合他社との争いに勝って、シェアが二割伸びて二五％から三〇％になったとします。しかし、シェア争いのあいだに業界全体が冷え込み、市場規模一〇〇億円のマーケットが二割小さくなっていたとしたらどうでしょう。

もともとの売上は、市場規模一〇〇億円×二五％で二五億円。現在の売上は市場規模八〇億円×三〇％で二四億円。せっかく努力してシェアを獲得してきたのに、逆に売上は下がっています。

こうした共倒れを避けるためには、自社が代表して業界を活性化させるという自負を持ち、つねにお客様の存在を意識した戦略を立てることが大切です。マーケットのすそ野が広がると、結果的に敵に塩を送ることになるかもしれません。ただ、それ以上に自社の売上が伸びるのなら、誰にとっても損はないはずです。

●シェアを伸ばすことって、大切ですか？

シェアとは、お客様がその企業につけた通信簿

赤字会社の再生で現場に入ると、シェアを重視していない社員が意外と多いことに驚かされます。ある化学メーカーのコンサルティングをしたときも、課長クラスの社員が悪びれた様子もなくこう言っていました。

「正確なシェア（市場占有率）は把握していません。競合他社と比較する前に、とにかく自社の売上を伸ばさなくては話にならないので……」

売上を最優先に考えるのは良いことですが、だからといって自社のシェアを把握していないのは言語道断です。

なぜシェアが大切なのか。それは、シェアはお客様から見た企業の通信簿であるからです。業界最大手と呼ばれるのは、経常利益額がトップの企業ではなく、売上高がトップの企業です。経営者としては異論を挟《はさ》みたくなるところですが、少なくても世

間や一般の顧客はシェアの大きさで企業を評価しています（自動車やビール会社などがその好例）。

もちろん企業がシェアを争うのは、たんに名誉が欲しいからではありません。**シェア一位の企業と二位の企業では、認知度に圧倒的な差が生じるからです。**業界の市場規模が小さいほど、この傾向は顕著になります。認知度の差はそのままブランド力の差になり、営業面や社員のモチベーションにも影響を与えます。だから企業はシェア争いに躍起になるのです。

また、シェアの奪い合いは、「手段を選ばず」のえげつない世界です。

例えばM&Aで下位の企業を吸収したり、優良顧客を持っている営業マンを他社から引き抜いたり、はたまた掟破《おきて》りの安売りでライバルから顧客を奪ったり。逆に言うと、シェア・ナンバーワンという称号には、そういったえげつない努力をするだけのブランド価値があるといえます。

シェアには、たんに売上の大小を比べる以上の意味がある。このことを改めて心に留めておいてください。

●シェアを一気に逆転する方法は？

サンプルを無料で配ったとしたら……

私の知る限り、シェアを一気に広げるには、無料サンプルを配る戦術が有効です。理由は簡単。サンプルをもらったお客様は、少なくともしばらくはライバル社の商品を買わないからです。さらにサンプルを使って満足感を得られたら、次は競合商品から自社商品に乗り換えてくれる可能性が高い。

サンプルで見込み客を集め、そのなかからファンをつくっていく方法論を、マーケティングではトライアル・リピートモデルと呼びます。この手法を用いて日本で一気にシェアを取ったのが、安全剃刀《かみそり》の世界的ブランドであるジレットでした。同社は、一九六八年に日本で本格的な営業を開始。日本では名もない企業でしたが、ビジネス街で無料サンプルを大量に配って、多くのファンを獲得しました。

ジレットはもともとこの手法で大きくなったブランドです。創業者のキング・C・ジレットは、一九〇一年に安全剃刀を発明したものの、初年度に売れたのは、たったの三本だけ。しばらく同じような状態が続きました。そこで諦《あきら》めかけていたころ、第一次世界大戦の勃発《ぼっぱつ》のニュースを聞き、ジレットは大きな賭けに出ます。戦地に赴《おもむ》く軍隊に無料提供を申し出て、安全剃刀を大量に配ったのです。

ここまでは、利益ゼロどころか大赤字です。しかし、剃刀は使い込むうちに切れ味が悪くなります。サンプルを使っていた人たちが、新しい剃刀を買うより刃だけを替えたほうが早いと考え、しばらくすると替え刃が飛ぶように売れ始めました。その結果、その年には替え刃が一〇〇万枚売れて、一気に売上を伸ばしたのです。

このようにトライアル・リピートモデルの歴史は古いのですが、いまでも効果はてきめんです。私がある食品メーカーでサンプリングを行ったときは、短期間でシェアが一五％から一八％に伸びました。もちろん営業スタッフの頑張りが大きかった部分もありますが、サンプリングの効果が売上を押し上げたことは間違いありません。

ただ、サンプリングは多大なコストがかかるため、サンプリングの方法やターゲットについてはよく検討する必要があります。配ったお客様数のうちの何人がリピートして、いくらの利益をもたらしてくれたのか。その分析なしにサンプルを配り続けると、コストだけが膨らんでいくリスクがあるので注意が必要です。

●商売の基本となるビジネスモデルは?

安く仕入れて高く売るを仕事のベースに

創業して間もない企業や新規事業のコンサルティングで、私がまずチェックするのは、その会社の利益の源になるビジネスモデルです。

どんな事業でも、その成功はビジネスモデルで決まることが多いのです。

優秀な経営者と優秀な社員、そして豊富な資金力があっても、ビジネスモデルに穴があると事業として成立させるのは難しい。

ビジネスモデルとは、商売の仕組みです。

では、商売の仕組みとは何か。それはお金と商品の流れのことです。

メーカーであれば、何をいくらで作って、いくらでどのように売るか――。

商社ではあれば、何をいくらで仕入れて、いくらでどのように売るか――。

サービス業であれば、人や設備にいくら投資して、いくらでどのように提供すればいいか――。

そのパターンを決めたものがビジネスモデルです。

現在、インターネットの普及によって、新しいビジネスが続々と登場しています。ただ、目新しさに惑わされてはいけません。商品が物やサービスから情報にシフトするなどの変化はありますが、商売の仕組みそのものは以前からあったものがほとんど。まったく新しい仕組みを持つビジネスはごく一部です。

いずれにしても、見るべきポイントはすべて同じ。それは――、

安く商品を買って（作って）、高く売る。

この最大の鉄則を押さえていれば、商売の第一関門は突破です。

●優秀なビジネスモデルでも売上は伸びない

儲かる仕組みも、いずれは陳腐化する

「少し前まで儲かっていたが、急に売上が下がってしまった。ビジネスモデルは変えていないのに、なぜ悪くなったのかがわからない」

これはコンサルティングの現場でよく聞く悩みの一つ。原因はいろいろと考えられますが、経営診断したいくつかの会社で見受けられたケースは、いずれもビジネスモデルが陳腐化していた場合でした。

どんなに利益を生み出したビジネスモデルも、今後ずっと通用するとは限りません。時間が経てば消費者のニーズは変化するし、ライバル会社も対応策を出してきます。市場環境が変われば、優れたビジネスモデルも陳腐化するのです。

ところが、あるビジネスモデルで一度成功した人は、その上にあぐらをかいて、もう疑いの目を向けることがなくなってしまう。その油断が失敗のもとです。成長を続けるためには、絶えず仕組みを見直して、必要に応じて変化させていかねばなりません。

衣料品ブランドのユニクロは、定番商品を大量生産してコストを下げ、一九〇〇円という低価格のフリースを大ヒットさせました。さらには出店コストの安い郊外を中心に出店を重ねて、多店舗展開という会社の方向性は一つの勝ちパターンを確立しました。

しかし、それに固執していたわけではありません。フリースが飽きられて業績が低迷すると、従来のビジネスモデルをあっさりと転換したのです。

例えば定番商品ばかりだった品揃えは、デザイン性の高い商品を開発することで幅を持たせ、出店では郊外店からの脱却を図り、駅中への出店など店舗の多様化を進めました。その結果、業績は回復。現在も海外出店を積極的に推し進めるなど、ビジネスモデルを見直しながら確実に成長を続けています。

永遠に成功するビジネスモデルなどありません。

陳腐化していないかどうかを絶えず確かめて、必要があれば自らビジネスモデルを変化させていく姿勢が重要です。

●弱小企業が生き残る戦略は？

一〇試合のうち九試合を捨ててしまう

企業規模や資本力に圧倒的な差があって、どう逆立ちしても競合に勝てない。そんなときは、いっそ勝負を捨てましょう。例えば一〇戦して全敗しそうなら、勝てる見込みのない九試合は最初から放棄して、望みがある一試合に全戦力を注ぎ込む。そこでライバルに勝つことができれば、（九試合は放棄したので）一戦一勝で勝率は一〇割。私の経験上、競争力の弱い企業が生き残る道としてベストな選択といえるでしょう。

具体的には、**商品や商圏を絞り込む戦略**を取ります。幅広く商品をラインナップするのではなく、競合が苦手としている商品や、自社が得意としている商品に特化して売る。営業所をいくつも出さずに、勝てるエリアだけに置く。こうした選択と集中によって全滅するのを防ぐのです。一戦一勝で盤石の体制ができたら、次は二戦二勝を目指します。こうやって少しずつ試合を増やしていけば、いずれはライバルと対等に渡り合う体力がついてきます。そこではじめて真正面からぶつかればいいのです。

●マーケティングの本当の意味は？

シェアを取るための活動と心得る

マーケティングほど、人によって、その意味するところが違う言葉もないでしょう。教科書的な言い方をすると、マーケティングとは、

「市場のニーズをつかみ、それをもとに商品開発や流通、販売促進を計画して市場を開拓していく活動」

を指します。ただ、人によっては市場ニーズのリサーチをマーケティングと呼んだり、プロモーションの部分を指して呼ぶこともあります。このように人によって焦点が違うせいか、マーケティングの意味や目的をつかみかねている課長も多いようです。

私が四〇年間、この分野を専門に仕事をしてきた立場から言わせていただくと、

「マーケティングとは、企業がシェアを取るための活動、そのすべてだ」

と解釈しています。市場調査をするのも、商品企画や営業企画を立てるのも、広告

を打つのも、すべて売上を伸ばしてシェアを広げるための施策です。

逆に言えば、**同じような市場調査や商品企画でも、シェア拡大につながらないものは、マーケティングとは言えません。**

例えば上司にレポートを見せるためだけに市場リサーチを行ったり、消費者のニーズを無視して、開発部門が開発した新技術を無理やりに盛り込んだ商品企画を立てたり。これらはマーケティングの形を装った社内活動であり、マーケット（市場）に向けた活動であるマーケティングとは似て非なるものです。

会社のなかを見回すと、

「なんとなくマーケティングっぽいが、シェア拡大につながるのかどうか疑問だ」

という活動が意外にあるものです。それらの大半は無駄な活動です。定期的に自社の業務をチェックして、エセ・マーケティングになっている業務を洗い出し、本来のマーケティング業務に注力すべきでしょう。

●マーケティングの勉強は、誰にとって必要？

生産や管理部門の課長も必ず身につけたい

ある化学メーカーの赤字再生事業に乗り出したとき、工場で生産を管理している三〇代後半の課長から、

「私は経営企画や営業部門の人間ではないので、マーケティングの勉強は必要ない」

と言われたことがありました。たしかにマーケティングの知識やスキルを駆使して仕事をするのは、経営企画や開発、営業部門などです。では、それ以外の部署では本当にマーケティングの知識は必要ないのでしょうか。

マーケティングを「シェアを広げるための活動」と位置づけるなら、必ずその根底にあるのは「お客様第一」という思想が必要なはずです。

自社からの目線ではなく、お客様の目線から見てどうなのか。つねにそれを問うことが、お客様の支持を得てシェアを広げることにつながります。

そう考えると、マーケティング的な考え方や姿勢は、生産や管理などの部門でも必要であることがわかるでしょう。

例えば工場で製品を作るときに、お客様が実際に使用することを意識して作っているのかどうか。

経理の人だったら、個人投資家に安心してもらえるような決算報告ができているか。こうした意識があれば、期限切れの材料を使ったり、粉飾決算を行うというような不誠実な行為はできないはずです。

たとえ、接客という販売の現場から遠い部門で働いていたとしても、お客様第一という考え方を持たないまま仕事をすると、最終的にお客様の信頼を裏切り、シェアを縮小させることになりかねません。

どのような部門であっても、つねに市場というマーケットと向かい合って仕事をすることが重要なのです。

ブランド力は有能な営業マン一〇〇人分

●ブランドの大切さとは？

ブランドの解釈は人それぞれですが、複雑に考える必要はありません。ブランドとは、ずばり、差別化になる商品やサービスの名前のことです。

もちろん名前がついているだけではダメです。例えば「イチロー」といえば「天才」をイメージしますが、それと同じように、商品やサービスの名前だけで特別なイメージを喚起させてこそ、はじめてブランドといえるのです。

同じ教育論を話すのでも、普通のプロ野球選手を育てた父親と、「イチローの父」では、講演の集客力に大差があります。これは商品も同じです。

ブランドが認知されると、営業もずいぶんと楽になります。会社の実績や商品の特長を説明しなくても、お客様が名前からイメージを膨らませて、こちらが説明する以上の効果を発揮してくれます。

市場規模にもよりますが、私の経験上、顧客層のうち半数のお客様に認知されているようなブランドは、超優秀な営業マン一〇〇人分に匹敵する営業力を発揮してくれました。ブランドを築くにはそれなりの投資が必要ですが、営業マン一〇〇人分と考えれば、けっして高い買い物ではないはずです。

ブランド力は、逆立ちしても大手企業にかなわない——。

これは中小・中堅企業の現場でよく耳にする悩みの一つです。

たしかに会社自体にブランド力や資本力があれば、新しい商品ブランドを立ち上げただけでニュースになるし、多大な広告宣伝費をかけて一気に認知度を高めることもできますが、知名度もお金もない会社がそれを真似るのは困難です。

私自身、食品の「玄米フレーク」(ケロッグ)や消臭剤の「シャット」(ジョンソン)といったさまざまなブランドを立ち上げてきましたが、外資系企業なので、当時の日本での知名度はあまり高くなく、資金もけっして潤沢だったわけではありません。

そこで重要になったのが、身近なところからブランドを広めるという発想・戦略でした。具体的には取引先向けに新商品の説明会を幾度となく開催する、一度買ってくれた既存客にＤＭを送るなど、すでに自社を知っている相手を中心に宣伝したのです。言いかえれば、自社のブランドが通用する範囲で商品ブランドの確立を目指すのです。

例えば街角で自分のことをまったく知らない通行人に話しかけても、立ち止まって耳を傾けてくれる人はほとんどいません。しかし、同じ人が同じ内容を話しても、身内での会話ならば相手は素直に耳を傾けてくれます。ブランド戦略もそれと同じで、いきなり市場全体にブランドを広めるより、身近なところから展開したほうが定着させられます。

小さな集団（例えば地方の一部の都市など）でも、そこでブランドが確立されれば、徐々にクチコミで評判が広がっていきます。最近はブログなどを活用して集客するバズ・マーケティングの手法が注目を集めていますが、これもまず特定の人からの評価を固めて、あとはクチコミで認知が広がるのを待つという意味では同じ発想です。

外に向かってブランドを広めていくのは、まず小さな集団にブランドを浸透させてからでいい。この順番を間違えて、ブランド力のない会社が最初から市場全体を相手にすると、身近な相手への周知がおろそかになり、結局、誰にも浸透しなかったという事態を招きやすいのです。

●ブランドを確立したら、もう安心？

ブランドには一度のミスも許されない！

ブランドは長い時間をかけて築き上げられることが多いため、貯金のようにストックできる元本保証の財産だと考えがちです。しかし、それは錯覚にすぎません。

例えば時間通りに届けることを売りにしている宅配サービスが、一度でも遅配したらどうなるでしょうか。

あるいは品質や技術を売りにしているメーカーの商品に大きな欠陥品が出て、それが事故につながったとしたら？

たとえ遅配や欠陥品が例外的なものだとしても、それが市場に知れ渡った時点でブランドの価値は急落します。

市場は、**ブランドを「100－1＝99」とは計算してくれません。ブランドの計算式は「100－1＝0」。一度、信頼を損なえば、価値が消えてしまう**のがブランドの怖さです。

第4章

課長が押さえておきたい
利益を生み出す原則

ビジネスにおいて、赤字は罪です。

これは私が四〇年間、言い続けてきたことです。

利益が出てない企業では、トップから現場の課長、新人社員に至るまで、総じて表情が暗く、生き生きと働いている人はほとんどいません。

そればかりか、赤字がひどいと取引先やお客様にしわ寄せがいくこともあります。

赤字でいいことなんて何一つないのです。それはわかっていても、簡単に利益を出せないのがビジネスの難しさでもあります。

では、どうすれば利益を生み出すことができるのか。さっそくその疑問に答えていきましょう。

●最も基本的な質問！　利益とは何ですか？

「売上－コスト」の引き算を叩き込む

利益とはズバリ、売上からコスト（原価、経費）を差し引いた金額です。

この引き算はビジネスの基本であり、誰でも知っていることです。ただ、普段から**この引き算を意識して仕事をしている人は三割いるかいないか**。とくに赤字体質が染みついた企業では、九割近い社員が利益を無視して仕事を進めているのが実態です。

そんな企業の、とくに営業課長たちは、売上をつくることだけを意識して、売るためにいくら使っているかという意識に欠けています。逆に管理部門や生産部門の多くは、売上に貢献することよりも、いかにコストを抑えるかに頭を悩ませている。組織内の役割分担を考えると致し方ない部分もありますが、これが行き過ぎると、それぞれが互いに足を引っ張り、組織としてかえって効率が悪くなります。

売上とコストはセットで考え、つねに利益の引き算を頭の片隅において仕事をする。組織の末端にまで、この引き算を意識させることが大切です。

●お客様から値引きを頼まれたら？

売上よりも利益のほうを意識する

営業マン、とくに課長クラスの仕事の第一は売上をつくることです。そのため値引きしてでも売上をつくるというケースが少なくありません。しかし、それで本当に利益の上がる仕事を果たしたことになるのでしょうか。数字で検証してみましょう。

原価六〇円、定価一〇〇円の商品があります。この商品を定価のまま一〇万個売った営業マンAと、二割引の八〇円で一五万個売った営業マンBでは、どちらが会社に貢献したといえるでしょう？

売上を比較してみます。Aは一〇〇円×一〇万個で一〇〇〇万円。Bは八〇円×一五万個で一二〇〇万円。売上はBのほうが二〇〇万円多くなります。売上至上主義で考えれば、評価されるべきはBの営業マンです。しかし、実際に会社が評価するのはAの営業マンです。なぜなら、売上が少なくても、より多くの利益を上げているのはAだからです。

Ａは一個につき四〇円の利益があるので、一〇万個で四〇〇万円の利益です。一方、Ｂは一個につき二〇円の利益なので、一五万個なら三〇〇万円の利益。Ａは売上でＢに二〇〇万円及ばなかったものの、逆に利益ではＢを一〇〇万円上回っています。

そもそも営業マンが売上をつくるのは何のためか。それは売上のなかから利益をつくるためです。そう考えると、**営業マンが優先すべきは売上より利益であり、売上をつくるために利益を減らすのは本末転倒の行為であること**に気がつくはずです。

売上至上主義の営業マンは、しばしばこの罠に陥り、安易な値引きをして売上をつくろうとします。値引き前より利益額が増すほど売上を増やせるのなら問題ありませんが、売上至上主義の営業マンの多くは、自分の売上ノルマを達成した時点で満足して、それ以上売るのをやめてしまいます。その結果、人より多く売っているはずなのに、会社に貢献していない営業マンという烙印を押されるのです。

新商品のリリース時に商品を市場に浸透させるために値引きをしたり、ライバルからシェアを奪うために利益を度外視して売上を伸ばす戦略もあります。しかし、それらはどちらかというとイレギュラーなケース。営業マンは、基本的に利益を意識しながら売上をつくることを心がけるべきです。

●単価の安い商品でも利益は出るか？

安いものを安く売るより、良いものを安く売る

単価の安い商品を売るときは、品質を犠牲にしてでも低コストで製品を作り、利益を上げる。いっけん理に適っているようですが、じつはこの戦略は危険。安いものを安く売っても、結局は利益にならないのです。

単価が安い商品は、数を売らないと利益を確保できません。しかし、安いものが安く売られているのは、いまの時代、あたりまえのことで、お客様は安価というだけで簡単に商品に手を伸ばしてくれません。

そのため数を売るのも難しく、結果的に「薄利多売」ならぬ「薄利少売」になり、利益を確保できなくなります。

お客様の購買意欲をかき立てるのは、安いだけでなく、お得感のある商品です。品質がいいから本来は高く売れるのに、なぜか安く売られている。お客様はそんな商品

に驚き、興味を示します。そこではじめて利益を積み上げられるほどの数が売れます。

もちろん良いものを安く売るといっても、原価を割らないことが絶対の条件です。そのためにはさまざまな企業努力が必要になります。

例えばユニクロはいち早く中国で生産することで製造コストを下げることに成功。またコンピューターメーカーのデルは、ダイレクトマーケティングという手法で、小売店に卸さずに直販に特化することでリーズナブルな価格を実現しました。

いずれも仕組みをつくり上げるのは大変ですが、このように工夫しだいで良いものを安く売ることは可能です。

安ければ売れると安易に考えてビジネスを展開すると、売れもしないし、利益も出ないという最悪の事態を招きます。単価の安い商品を売るときは、まず品質を担保したうえで、いかに安くできるかに苦心すべきです。

●単価の高い商品で利益を出すのは簡単？

高いものより、高く見えるものを高く売る

単価が高い商品は、もともと売れる数に限りがあります。

そのため安く売って薄利多売を目指すのではなく、高く売って一つ一つで利益を出す戦略が基本です。

ただ、高く売るために原価まで上げてしまうと、利益が薄くなってしまいます。ここを間違えて減益になった企業を、これまでたくさん見てきました。


大きな利益を得るためには、原価が高いものを高く売るのではなく、高く見えるような商品を高く売ることが原則です。

もちろん消費者を騙して、品質が悪い商品を高く売れという意味ではありません。品質の良さは、値段にかかわらず守らなくてはいけない最低限の条件。高く見えるものとは、原価に付加価値が上乗せされた商品を指します。

実際に世の中には、原価の何倍もの価格で売られている商品がいくつもあります。

わかりやすいのは、海外有名ブランドのバッグでしょうか。

原価一万円のバッグも、ブランドの名前がつけば、価格は一気に数十倍に跳ね上がります。それでも消費者が喜んでお金を払うのは、バッグという物だけでなく、ブランドの持つ信頼性やステータスに価値を見出しているからです。

同じようにお客様を納得させられる付加価値があれば、原価が高くない商品を高く売ることが可能です。

はたして、自社製品にはどのような付加価値をつけられるのか。単価の高い商品を売る場合は、その点をもう一度検証してみましょう。

●価格交渉を有利に進めたいときは？

交渉する前に、相手の損益分岐点を知る

仕入れの価格交渉では、少しでも安く買ってコストを下げたいもの。そこでぜひ実践したいことが二つあります。

一つは、相手の損益分岐点、つまり〝これ以上安いと相手が赤字になる〟というラインを見極めることです。交渉の場で相手から、

「この価格では利益が出ません。もう勘弁してください」

と言われることがよくありますが、これは値切られたくないがゆえの予防線である場合がほとんど。この言葉が出ているうちは、まだ交渉の余地はあり。さらにおおよその損益分岐点を見極めて、突っ込んだ価格交渉が可能です。

他社の損益分岐点を正確に把握するのは困難かもしれません。ただ、普段から商品知識や取引先について研究していれば、おおよそ見当がつくようになります。**損益分**

岐点の予測も、課長クラスの人間は確実に身につけておくべき大事なスキルです。

損益分岐点を把握すれば、相手を必要以上に追い詰めない交渉も可能です。損益分岐点を下回るか、ほぼトントンという要求は、相手も簡単に飲めません。その引き際がわからずに強引に価格交渉を進めると、結局は契約に至らず、相手との関係を悪化させるだけに終わってしまいます。業者は大切なパートナーですから、相手にも利益が出る範囲で交渉をまとめて、共存共栄を目指すのが理想です。

価格交渉を有利に運ぶテクニックとして、もう一つおすすめしたいのが、商品やサービスの欠点や弱点（アラ）を探して、値引きの材料として活用してみることです。例えば、

「この機械は他メーカーのものよりパフォーマンスが落ちる」

「納品が二週間後では厳しい」

というように、営業現場では解決できない欠点や弱点を指摘して、譲歩を引き出すのです。もちろん欠点を上回るメリットがあるから購入を検討しているはずですが、その点は購入が決まった後に褒めればいいこと。価格が決まるまでは、あえてアラ探しに徹しましょう。

●適正な価格のつけ方がわかりません

迷ったときは、会社の方針を優先させる

新規事業や新商品のプロジェクトで難しいのが価格の設定です。

高過ぎると売れないし、低過ぎると利益が出ない――。

私も毎回、頭を悩ませていた部分でした。

価格をつけるとき、私が実践していたアプローチは三つあります。

まず一つ目が、マーケティング的なアプローチとして、市場の実勢から価格を設定する方法です。競合商品はいくらなのか。市場調査では、消費者はいくらなら買うと答えているのか。これらのデータを分析して、これ以上高いと売れないというおおよその上限を設定します。

一方、プロダクト（製品）からのアプローチも必要です。この製品を作るために、いくらかかるのか。この原価にいくらの利益を上乗せすれば、販売管理費やこれまで

投資した開発費を回収できるのか。それらを考慮して、これ以上は安く売れないという下限を設定します。

さらにもう一つ重要なのは、営業戦略や経営方針からのアプローチです。

「安く設定すると、ブランドの価値を守れない」

「競合に勝つことが最優先課題なので、競合より一割安く売りたい」

「会社として高付加価値ビジネスへ転換中なので、むしろ高く設定して、他にどんな価値をつけられるのかを検討せよ」

というように、会社の方針に沿って価格を設定します。

以上のように価格は、これらの三つのアプローチから総合的に判断して設定します。それぞれ重要なアプローチですが、迷ったときは会社の方針を優先するといいでしょう。価格を決める会議で営業サイドと生産サイドの意見が割れることがよくありますが、どちらも会社の方針は無視できません。

●競合相手が値下げを。我々も値下げすべき？

競争は負け戦。突入すれば利益は下がる

ライバルが値下げをして、顧客を取られてしまった――。だからといって慌ててこちらも値下げをして対抗するのは愚策です。

値下げ合戦のパターンは決まっています。

どこかが値下げをすると、他社も負けまいと追従する。しかし、値下げしても原価は変わらないため、追従した会社は利益率が低下して、体力のない企業から淘汰《とうた》されていく。ライバルがいなくなったころを見計らって、最後まで生き残った大手が適正な価格に戻して、値下げ期間中に失った利益を回収する――。

いっけん大手が得をするように見えるかもしれませんが、価格が適正に戻ればふたたびライバルが参入するため、値下げ合戦の前の状態に戻るだけ。長い目で見れば、値下げ合戦に参加して得をする企業は一つもないのです。

では、もしライバルが値下げに踏み切った場合は、どう対処すればいいのか。

まず自社の品揃えの中で、ライバルが持っていない商品を前面に出します。他社が値下げしていない商品なら、当然、こちらも値下げする必要はなく、利益率をキープしたままビジネスができます。

他社の値下げの影響を受ける商品は、思い切って撤退・縮小するか、改めて付加価値をつける方法を模索します。

例えば同じ商品を売るのでも、カタログ的に並べて売るのではなく、オーダーメイドのプランを作って提案したり、納品時期を早めるなどサービス面で付加価値をつけることもできます。場合によってはコストが増えますが、際限のない価格競争に巻き込まれるより、利益の低下をずっと抑えられるはずです。

いずれにしても、

「向こうが下げたから、絶対にこちらも対抗しなければ！」

という戦略は厳禁。自分の首を絞めることにつながるので注意してください。

●利益を得る手っ取り早い方法は？

利益追求の近道には、大きな落とし穴

三〇代が中心の若い課長職と話をしていると、彼らの多くがよく、

「簡単に利益を得るような方法はないでしょうか」

と、真顔で聞いてきます。利益はビジネスの大きな目的の一つであり、効率よく目標に到達しようという姿勢は悪くありません。ただ、この質問を受けるたびに説教めいたことを言いたくなるのも事実です。

ビジネスで利益を生むためには、いくつもの手順が必要です。商品やサービスを作り、お客様を獲得して、お客様を満足させた対価としてお金をもらう。それぞれのステップでは、さらに細かい業務も発生します。

楽に儲けたいからといって、それらのステップを無視して近道すると、必ず落とし穴が待っています。

例えば手っ取り早く売上をつくろうと押し込み営業すると、いずれ取引先から見放されて売上がつくれなくなります。利益を直接生まないからといって品質チェックを簡略化すると、不良品が発生して信用を失い、お客様が離れていきます。

落とし穴にはまると、そこから這い上がるのは大変です。

実際、私が再生を請け負った企業の大半は、近道をしようとして落とし穴にはまって抜け出せなくなっていた企業でした。

利益は小さな仕事の積み重ねから生まれます。

儲けたいなら、むしろ急がば回れの精神で、一つ一つの仕事を丁寧にやっていくことが大切なのです。

●経費削減はどこから手をつけるべきか？

損をしないために、売上に影響しない経費から削る

事業単体の黒字も大切ですが、会社の上層部を目指す課長やマネージャークラスにとっては、全事業トータル、あるいは財務的に黒字かどうかも頭の痛い問題です。ある事業で黒字でも、その利益を他の事業が食いつぶしてしまったり、資金繰りで借金を重ねていくと、その先に待ち構えているのは倒産――。

もう少し広い視野に立って、幹部候補の方々がプロの仕事人として知っておくべき会社の利益ついて考えます。

まず、重要なのが、利益を食いつぶす〝経費〟の問題です。直接的なコストカット、つまり、経費削減は、利益を増やすための特効薬です。

先日も、ある専門商社から頼まれて事業計画書をチェックしたところ、経費削減について大きなミスをおかしていることに気がつきました。ここでは多くを語れませんが、そのまま進めていたら、おそらく計画通りにはいかなかったでしょう。

経費削減で守るべきルールは二つあります。

まず一つは、単純に経費の額を比べるのではなく、対売上比で経費の額が大きい事業から削ること。例えばA事業とB事業の売上規模が同じで、A事業のほうが二〇％多く経費を使っているなら、二〇％削減を目安に具体的な削減策を考えます。売上比で経費が大きい事業は、それだけ効率が悪い事業といえます。そうした事業にはさらに削るべき余地が十分に残されているし、基準が明確なので、経費をカットされた側も納得しやすいのです。

もう一つのルールは、売上に直結する部分の経費カットを後回しにすること。売上に影響する経費を即座に削ると、同時に売上も減る危険性が大きく、経費削減のメリットが小さくなります。削るなら、売上から最も遠い部分からです。

具体的にどこから削ればいいのか――。

その説明の前に、経費の基本を押さえておきましょう。経費は会計上、原価と販売管理費（販管費）及び一般管理費に分けられます。原価は製品を作る（仕入れる）ための費用で、売上と連動する変動費です。

一方、販管費は販売活動のための経費で、営業マンの人件費や宣伝広告費などがそれに該当します。

また一般管理費は、いわゆる管理部門に使うお金で、経理や総務の人件費や、会社全体の福利厚生費や交通費などが含まれます。販管費と一般管理費は売上がゼロでも発生する固定費です。これらの経費を売上への影響度の少ない順に並べると、一般管理費、販管費、原価という順番になります。つまり**経費を削減するときは、この順で手をつけると利益を増やしやすくなる**わけです。

ただし、原価は真っ先に減らしてもかまいません。例えば問屋を少しでも安く卸してくれる業者に替えたり、内製部品を外部からより安い価格で購入するなど、コストダウンの方法はいろいろと考えられます。

●投資を決めるときの基準は？

リターンより、リスクから考える

　ビジネスで利益を得るためには、先行投資が必要です。ただ、収益（リターン）ばかりに目を奪われ、過剰な投資を行って失敗する人が後を絶ちません。

　実務家の立場で言うと、まずチェックするのはリスクです。先行投資して失敗する確率はどの程度あるのか。仮に失敗したら、損がいくら発生するのか。損害が発生した場合、会社にどんな影響があるのか。これらのリスクを徹底的に分析して、最悪の場合でも会社が傾かないと判断できたら、そこではじめてリターンの検討に入ります。

最終的な決断は、リターンとリスクを比較して決めます。リターンがリスクを明らかに上回れば、ゴーサインを出します。逆にリスクがリターンを上回る場合や、どちらも同程度の場合は投資をしません。

　この考え方は、買収や資本提携などの大きな投資案件から、新規事業や設備投資などの事業上の投資まで、ビジネスでお金を出すシーンすべてにあてはまります。

●上手な借金の仕方とは?

金利よりも、身の丈にあった額を

借入は、とくに中小企業の経営者から相談を受けることが多いテーマですが、課長クラスの人も知っておくべき問題。これは鉄則ですが、お金は返済できる範囲で借りること。問題は、返済できる範囲をどうやって判断するかなのです。

一部の方は、金利に注目して、

「いずれ資金が必要になるのだから、低金利のうちにたくさん借りよう」

といった間違った判断を下します。たしかに金利が低いほうが有利ですが、そもそも金利は元金に対して発生するもの。返済総額に影響を与えるのは金利よりも元金のほうであり、金利でいくら借りるかを決めるのは本末転倒です。あくまで借入は、そのときの身の丈にあった額の範囲で行うべき。

参考になる指標はいろいろありますが、目安の一つとして、借入の結果、自己資本比率が三〇%を下回るような借金は避けたほうがいいでしょう。

●無借金経営を実現するには？

お金の回収サイト（期間）を短くする

ある赤字メーカーの再生に乗り出したときの話です。当時、その会社には約五〇億円もの借金がありました。三年後、その借金はきれいさっぱり消えて、無借金経営になりました。一年目から黒字転換しましたが、それでも五〇億円をポンと返せるほどの利益が出たわけではありません。いったいどんなマジックを使ったと思いますか？

正解は、売掛金回収サイト（期間）の短縮です。

当時、そのメーカーは売掛金の回収を一七〇日後に設定していました。業界では標準的なサイトでしたが、これではキャッシュフローが悪すぎる。そこで取引先に何とかお願いをして、サイトを三五日に短縮。約四か月早く現金が入ることになりました。

当時の売上は年間約一〇〇億円。つまり四か月早く、約１／３の三〇億円を前倒しでいただくことになります。

これをそのまま元金の返済に充てて、借金を圧縮。元金が半分以下になれば利息も大幅に減るため、そのあと黒字転換によって発生した利益で返済するのも比較的容易でした。

大きな借金というものは、当然、利息も莫大ですから、コツコツと返していく方法ではなかなか減りません。

無借金経営を目指すなら、最初に何とか知恵と努力を働かせて、返すべきお金を捻出してください。それで元金を大きく減らすことができれば、利息も減って返済が楽になります。

具体的な方策としては、私がやったように、回収サイトの短縮も有効な手段の一つです。このような話は、社長にとってだけでなく、課長クラスの人間も知っておいて損のないプロの「お金の運用術」です。ぜひ参考にしてください。

●インフレやデフレで経営戦略はどう変わる？

インフレかデフレかの決め打ちは危険

ご存知のように、インフレとは物価が上がり続けている状態、逆にデフレとは物価が下がり続けている状態を指します。

営業戦略上、とくに気をつけなければいけないのが財務です。

インフレではお金より物の価値が高まるので、借金してでも設備投資をして、お金を物に替えたほうが得をしました。

しかし、デフレはその逆で、物の価値が下がります。

バブルのときに借金をして物を買った会社の多くが、デフレで苦境に立たされたのは記憶に新しいところです。

難しいのは、今後はインフレとデフレが混在する流れが予想されること。これまでインフレとデフレは、一〇年単位の長期的な経済サイクルに合わせて発生していました。しかし、経済のスピードが速くなるにつれて、変化の波も小刻みになりつつあります。おそらく今後は、去年までインフレ傾向だったのに今年はデフレに、という変化があたりまえになるはずです。

インフレとデフレの混在環境になると、どちらかにヤマをはった経営は非常にリスクが大きい。どちらにも極端に偏らずに、微調整をしながら経営の舵を取る。そのバランス感覚が、これからの管理職者に求められるはずです。

第5章

課長が身につけておくべき
企画・発想の原則

日本のものづくりは非常に優秀です。ただ、品質の良いモノと、売れるモノは別です。たとえ故障の少ない製品をつくったとしても、そもそもそれが市場のニーズにあっていなければヒットしません。

そこで大切になるのが企画です。

商品企画の段階で市場のニーズとかけ離れてしまったら、どんな生産技術があっても無駄。商品を生かすも殺すも、企画しだいです。

これは営業企画や経営企画も同じです。販促キャンペーンにしろ、組織改革プロジェクトにしろ、うまくいくかどうかは企画を立案した時点でほぼ決まっています。

では、良い企画を立てるにはどうすれば良いのか。

まずは企画の基本を押さえておきましょう。

●企画の基本とは何か？

七つのプロセスで「思いつき」が「企画」に変わる

企画を出すというとき、デキない課長ほど、「良い発想がなかなか浮かばない」と言って出し渋ります。

企画＝アイデア勝負だと思い込むのは、日本のビジネスパーソンの悪い癖です。**企画とは、目標を立てて、その実現に向けて計画すること。**目標設定とその実現方法が的確なら、とくにユニークなアイデアや目新しさは必要ありません。

企画を立てるときの考え方の基本として、私がつねに実践してきた七つのポイントは次の通り。これはプロの仕事術といえるものです。

①背景・経緯（現状把握、いま何が起きているのか）
②現状の課題（いま抱えている問題は何か）
③課題改善の可能性（問題は改善可能なものか）

④目標設定（どの問題をどのレベルまで改善するのか）
⑤目標達成のためのアクションプラン（どうやって改善を図るのか）
⑥経済性（プランを実行すれば、収支はどう変わるのか）
⑦他に与える影響（プランを実行すると、どのようなリスクがあるのか）

この七つは、企画を立案するときのプロセス順に並んでいます。

まず情報収集して現状を把握して、そこから課題と改善可能性を洗い出して、数ある改善可能性のなかからターゲットを絞り、それを実現するための手段を考える。さらに、それが会社にどんな利益をもたらし、どんなリスクをはらんでいるかを検証する。この一連のプロセスがあってはじめて、企画はビジネスの現場で価値を持ちます。

ところが、**デキない課長は、企画は「⑤アクションプラン」のアイデア勝負だと勘違いします。**

例えば商品企画なら「斬新《ざんしん》な発想の商品を作る」、販促企画なら「ユニークなキャンペーンを展開する」というアイデア重視という点ばかりに意識が向いて、他のプロセスをないがしろにしてしまうのです。

ここにあげた七つのプロセスを考えていない企画は、ただの思いつきです。ただの思いつきでは、どんなユニークな内容でも役には立ちません。

例えばヒットの可能性を秘めた商品企画があっても、自社がすでにその類似製品で圧倒的なシェアを取っているなら、新しい商品を投入する意味はありません。にもかかわらず、似たような企画をあげてくるのは、「①現状把握」と「②課題の洗い出し」というプロセスが抜けているからです。

あるいはヒットが確実でも、多大な投資が必要で、豊富な資金力がある企業にしかできない企画があります。自社が中小企業なのにそういった企画を提案してくるのは、「⑥経済性の検証」ができていないからです。

逆にアクションプランとしては平凡でも、前後のプロセスが的確なら、良い企画といっていい。発想が斬新ではないからといって、悩む必要はないのです。

もちろん発想に斬新さがあるなら、それに越したことはありません。ただ、それが企画のすべてだと考えるのは大間違いです。

ビジネスの現場では、ただの思いつきによる企画と、これらの七つのプロセスで磨かれた企画とでは、天と地ほどの開きがあるのです。

●部下の企画力を鍛えるには？

企画書のフォーマットはA4一枚で十分

アイデア偏重になりがちな部下に、どうやってこれらのプロの仕事術である七つの企画立案プロセスを教えていけばいいのでしょうか。

最も簡単な方法は、前項の七つのプロセスに応じたフォーマットで企画書をつくらせることです。最初から①～⑦を書き込ませるフォーマットをつくっておけば、どこかのプロセスに漏れがあった場合、部下は自分でその漏れに気づきます。

こちらでフォーマットを用意するなら、A4サイズ一枚にすべて書き込めるようにしましょう。

じつは経験上ですが、**デキない部下ほど何ページにも及ぶ企画書をつくる傾向があります。**

理由は二つ。一つは本人が企画の中身をよく理解しておらず、書いていくうちにまとまらなくなってしまうケース。このタイプは、Ａ４サイズ一枚にまとめさせることで思考が整理されて、良い企画書を書けるようになります。

もう一つは、量を書くことで自分は一生懸命やったという自己満足に浸るケースです。これは、読むほうの上司も一苦労だし、本人にとっても時間の無駄。お互いの生産性を考えれば、Ａ４サイズ一枚で十分です。

資料やデータ類が一枚にまとまらなければ、参考資料として別紙を添付すればいいだけの話。これは紙で提出させる場合も、ワードなどのファイルで提出させる場合も同じです。

本来、企画書の形に決まりなどは必要ありません。ポイントを簡潔にまとめてあれば、どのような形でもかまわないはずです。ただ、企画立案に慣れていない部下にフリーハンドで書かせていると、七つのプロセスがなかなか身につきません。企画立案力が伸び悩んでいる部下には、強制的にフォーマットを使わせることをぜひおすすめします。

●良い企画かどうかの見極めは？

収支計算の見えない企画はただの報告書

最終的に企画の良し悪しは、経済性の検証で判断します。

面白そうな企画でも、赤字になるなら却下。逆にありきたりの企画でも、会社に利益をもたらすならゴーサイン。それが課長やマネージャーに求められるジャッジメントです。

かつての日本企業では、企画の着眼点が良く、なおかつ前例があれば、案外簡単に承認が下りるケースが多かったように思います。

一方、私が在籍していた外資系企業では、企画ごとにP／L（損益計算書）の計画書を提出するのが当然のことで、当時の課長もそれを詳細にチェックしていました。企画を提案する側も、それを承認する側も、**必ず「いつまでにいくらの利益が出るのか」という論点で話をしていました。**

いまや日本企業も変わりつつあります。厳密なP／Lまではいかずとも、利益という視点のない企画は、まず通りません。収支について触れられていない企画書は、ただの報告書と同じ。そこに斬新なアイデアが盛り込まれていたとしても、実行に移されることはないでしょう。

今後、その傾向がますます強くなれば、当然、課長クラスの人間にはより深い会計の知識が求められるようになります。

例えば企画書では売上一億円見込みになっているが、本当にそれが可能なのか。販促費五〇〇万円という計算になっているが、本当にそれだけで済むのか。別に会計のエキスパートになる必要はありません。部下が上げてきた数字の真偽がわからなければ、それらの数字を関係部署や関係者に確認できるコーディネート力（調整力）があればいいのです。

自分で直接判断するにしろ、人の力を借りて精査するにしろ、大切なのは正しい数字を見抜くことです。突き詰めていけば、企画のマネジメントも、事業のマネジメントと変わりません。企画といっても、最重要なのは、

「ビジネスとしていくら利益が出るのか」

という視点なのです。

●問題解決のアイデアが浮かばないときは？

ひらめきは、質より量でひねり出す

問題解決のための良いアイデアが浮かばないとき、私は世界の発明王トーマス・エジソンの「天才とは一％のひらめきと、九九％の汗である」という名言をよく思い出します。

一般的にこの名言は、

「良い結果を出すには努力が大切で、あとはほんの少しの幸運に恵まれればいい」

と解釈されています。

ただ、私の読み方は少し違います。そもそもひらめきは、努力の積み重ねなしには生まれない。それが、この有名な言葉に隠された本当の意味だと思うのです。

エジソンの有名な発明品の一つに白熱電球があります。当時、すでに電球は発明されていましたが、点灯してしばらくするとフィラメントが燃え尽きてしまうため、実用化はされていませんでした。そこでエジソンは、フィラメントの素材を取り替えながら、一万回以上も実験を実施。その結果、木綿糸を炭化したフィラメントで四〇時間の連続点灯に成功しました。さらに実験を続け、日本の竹を使ったフィラメントで一二〇〇時間の点灯に成功して、実用化に弾みをつけました。

このエピソードで注目すべきは、なぜ木綿糸や竹という素材に目をつけたのかという点です。木綿糸や竹で実験したのは、けっして偶然ではありません。じつはエジソンがこの実験のために用意した素材は六〇〇〇種類以上。とにかくありとあらゆる素材で何度も実験を重ねて、一つ一つが失敗しては消えていった結果、木綿糸や竹に巡りあったのです。

もしエジソンが早い段階で木綿糸や竹を選んでいたなら、実験の成功はひらめきのおかげと呼んでもいいのかもしれません。しかし、現実は消去法による成功でした。そこに斬新な発想はありませんでした。

だからといって、エジソンの才能にケチをつけるつもりはありません。むしろ驚嘆に値するのは、エジソンがあらゆる選択肢を考慮に入れたこと、そしていつ成功するのかわからない実験のために、労を厭《いと》わずに素材を試し続けたことです。消去法で正解にたどり着くために、誰よりも選択肢を増やして、誰よりも実験回数を増やす。そこにエジソンの偉大さがあるのです。

これは私たちが企画を練るときも同じです。

一発目から良いアイデアが浮かぶのは、正真正銘の天才だけ。頭の良いエジソンでさえ最初から木綿糸や竹に思いが至らなかったのですから、我々凡人が都合よく一発で正解にたどり着くはずがありません。

ところが、良いアイデアが浮かばないと嘆く人に限って、検討したアイデアの数も少なく、検討することも早々に諦めてしまう。これでは一生、良いアイデアに出会えるわけがないのです。

あるメーカーのブランドマネージャーは、新商品の名称を考えるとき、毎回少なくても一〇〇個の名前を考えて紙に書き出すといいます。たとえ途中でお気に入りの名称案が浮かんでも、一〇〇個は自分自身に課した最低のノルマ。そこで改めて一〇〇個を比較検討して、納得できるものがなければ、さらに一〇個単位で名称案を増やしていくそうです。

このやり方では、うまくいっても九九個のアイデアが無駄になるし、場合によっては、もっと無駄なアイデアを量産することになります。しかし、彼はこう教えてくれました。

「最初にパッと浮かんだアイデアは、後からよく考えてみると、たいていは誰かの使い古しで、斬新でも何でもないことがほとんどです。勝負は、自分のアイデアがいったん枯れてから。そのあとに何とか絞り出した名前（商品名）のほうが、結局はユニークでインパクトがあることが多い。アイデアの質は、それまでにボツにした量に比例するのです」

この意見には大賛成です。

良いアイデアを生みたければ、少しでも多くのアイデアを出して、ダメなものを一つずつ潰《つぶ》していく以外に道はありません。その努力を惜しまずにできるかどうか。それが発想豊かな人とそうでない人の、本当の差ではないでしょうか。

●発想を柔らかくするには?

まったくの異業種を仮想のライバルとして考える

眼鏡レンズ大手のニコン・エシロールの再生を手がけていたころ、価格一一万円のオーダーメイドのレンズを企画したことがあります。当時、一〇万円台の超高級レンズを作っている国内メーカーは一社もありませんでした。

「お客様が眼鏡レンズに使うのは、せいぜい五万円まで」

という分析が、業界のスタンダードだったからです。

ところが、業界関係者の予想を覆して、その超高級レンズは大ヒット。新しい市場の開拓に成功して、業界からも高い評価を受けました。

ただ、私自身に、新しい市場を開拓したという意識はありませんでした。

たしかに眼鏡レンズとしては新しい試みでしたが、富裕層のマーケットは以前から存在していて、そこでは一〇万円を超える装飾品が普通に売れていました。私は視点を業界の内から外に移しただけ。とくにオリジナルの発想ではないのです。**業界の狭い枠のなかだけに閉じこもっていると、どうしても発想が貧弱になりがち**です。もちろん同業界のライバルと争うための発想も重要ですが、視野を広げて、まったくの異業種界を潜在的なライバルとして考えれば、これまでにない新たな発想が浮かんできます。

例えば旅行業界なら、他のレジャー産業だけでなく、癒《いや》しや感動を与えてくれる商品はすべて競合になる可能性があります。

また学習塾の経営なら、他の教育産業だけでなく、子供たちが好きなゲームや漫画から何かの着想を得るかもしれません。

いずれにしても、異業界を意識すると、従来の壁を打ち破るヒントをもらえます。くれぐれも自分の業界に閉じこもらないように注意しましょう。

●売上好調でも、早め早めの商品企画が必要なワケ

どんなに良い商品も いつかは疲れる

商品企画の面白さは、ニーズ（市場の要望）とシーズ（自社が持つ技術）が結びついて始めて商品になるという点です。そこが同時に悩みどころでもあるのですが、頭を悩ませた分だけ、ヒットにつながったときの達成感も格別です。

では、ニーズの探り方から、シーズとのすり合わせまで、私が現場で蓄積し、日々、課長クラスの人間に伝えてきたノウハウと、その実際例をご紹介しましょう。

「新商品の初動売上が好調なのに、部長から次の商品の企画を催促されました。いまは新商品の展開に全力を注ぎたいのに……」

あるメーカーの課長から、このような相談を受けました。たしかに新商品を投入したばかりの時期に、次の企画に時間を割く余裕なんてない、という現場の気持ちは理解できます。

ただ、部長の要求は間違っていません。いくら初動が良くても、その商品の勢いがいつまで続くのかはわかりません。そのときに次の商品の準備ができていなければ、市場の反応が悪くなった商品を、売れないことを承知で売るはめになります。

業種や業界によって商品やサービスのサイクルや開発期間が異なるため、場合によっては新商品の発売時に、次の次の商品を用意しておかなければいけないこともあるでしょう。いずれにしても、既存商品の展開と新商品の企画は同時に進める必要があります。

うちの会社は定番商品を持っているから大丈夫、という考えも危険です。

最近、ジーンズの売上がかなり落ち込んでいることをご存知でしょうか。ジーンズはカジュアルファッションの代名詞的存在で、小さな波はいくつかあったものの、数十年間、比較的安定して売れ続けてきました。ところが、ここ数年、とくに女性のジーンズ離れが進んで、市場が急速に縮小。売上の多くをジーンズに頼っていたアパレルチェーンは、軒並み売上を落としています。

どんなに息の長いロングセラー商品も、いつか必ず疲れます。

そのとき備えができていない企業は、主力商品の衰えとともに売上を減らしていきます。時代が悪くなったのではありません。時代の変化に備えていなかった自社が悪いのです。

私自身の経験から言って、売上が好調な商品があっても必ず、予備の商品企画を三つは用意しておきました。

既存商品が大ヒットを続けて、結果的に新商品の企画がお蔵入りになってもいいのです。大切なのは、時代が急激に変化したときに、切り札が手の内にあるのかないのか。優秀な課長ほど、その準備に余念がありません。

●消費者ニーズって何ですか？

楽しさや便利さだけを買い手は求めない

ニーズから商品を企画するときに、ぜひ気をつけておきたいことがあります。それは、消費者は「楽しさ」や「便利さ」ばかりを追い求めているのではないという点です。消費者は、楽しくない商品や不便な商品を求める場合もあるのです。

昨年、「ビリーズブートキャンプ」というエクササイズビデオが大ヒットしました。ヒットしたのは、短期間で引き締まった体を手に入れられると評判のエクササイズ効果が、「ヤセたい」「美しくなりたい」という消費者のニーズに合致したからです。ただ、他にも効果的なエクササイズ教材は数多くありました。

にもかかわらず「ビリーズブートキャンプ」が注目されたのは、楽してヤセたいという願望の逆である「苦しみたい」というニーズを満たしていたからでした。

「ビリーズブートキャンプ」は、軍隊式のトレーニングを取り入れたハードなエクササイズです。そのため、せっかく購入したものの、途中で脱落してしまうユーザーが後を絶ちませんでした。普通はそれがマイナス要因に働きます。しかし、この商品はもともと厳しさが売りであったために、逆に、

「手軽なエクササイズじゃ満足できない。もっと苦しんで達成感を得たい」

という層のニーズを掘り起こすことにつながったのです。

他にも一般的な消費者心理とは逆のニーズが働くケースはたくさんあります。消費者は一般的に安い商品を選びますが、ブランド商品などは、価格の高さが消費者のニーズを満たします。ペットを例にとっても、何日もエサをあげなくても平気な動物を好む人もいれば、手間のかかる動物ほど愛着が湧《わ》くという人もいます。

このように、**消費者の心理はけっして一様ではありません**。それを理解していない人は、楽しさ、便利さ、安さ、快適さといった一般的なニーズから商品企画をスタートさせて、結果的に競合他社と似たり寄ったりの商品ばかりを生み出してしまう。これでは優秀なアイデア課長にはなれないのです。わかりやすいニーズから企画を練るのは、誰でもできます。企画の段階で他社と差をつけたければ、既存のニーズを別の角度から見つめ直してみましょう。そこに発想の幅を広げるヒントが隠れています。

●シーズとニーズ、どちらが重要？

迷ったときは、ニーズを優先する

一般的なメーカーの商品企画会議では、R&D（研究開発）部門と営業部門がよくケンカをします。対立の原因は、シーズ（企業の先進技術）とニーズ（市場＝マーケットの要望）のどちらを優先するかという議論でモメるのです。

自分たちが開発した技術をいち早く世に問いたいR&D部門が、

「新技術の商品化が先で、それから営業がその新しい市場を開拓すればいい」

と言えば、いますぐ売上が欲しい営業部門は、

「お客様が欲しがっている機能は○○なのだから、そこの開発こそ急ぐべきだ」

と言って譲らない。私が再生にかかわった多くのメーカーで、このようなシーンを何度も経験しました。

商品企画の理想は、シーズとニーズが合致した状態での商品化です。しかし、現実はそれほど都合良く進まず、課長やマネージャーは、シーズとニーズがかみ合ってい

ない状態で商品化の決断を迫られます。このとき、いったいどちらを優先すべきなのか。私の答えは決まっています。迷ったら、市場のニーズを選ぶ。これが鉄則です。

シーズを優先した商品は、いわば三振の多いホームランバッタータイプです。現状では市場に求められていないものを提案するのだから、外れる確率が高いのはあたりまえ。しかし、うまくマッチしてニーズを掘り起こせれば、市場をほぼ独り占めして、爆発的なヒットになる可能性もあります。

最近で言えば、ソニーのゲーム機「ＰＳ３」がシーズ先行で苦戦している商品の一つです。パソコン並のスペックを持ち、さらにブルーレイディスクまで見られる高機能ぶりですが、ゲーム機としてはオーバースペック。商品そのものは良くても、市場のニーズとかみ合っていないため、現在のところは販売台数で他のゲーム機に大きく水をあけられています。

逆にアップルの「ｉＰｏｄ」＆「ｉＴｕｎｅｓ」は、シーズ先行で成功した例です。ネットワークからデータを取り込み、小型ＭＰ３プレイヤーで音楽を楽しむというスタイルは、これまでにない新しい価値提案。まったく受け入れられない可能性もありましたが、見事に若者を中心にニーズを掘り起こすことに成功し、ホームラン級のヒットになりました。

では、ニーズを優先した商品はどうでしょうか。ニーズから発想を始めた商品がまったく売れないというケースはまれです。市場の要望を商品化しているのだから、これは当然です。ただ、表面化したニーズは他社もよくわかっているため、競争が厳しく、市場の独占は困難。野球でいえば、打率はそこそこだが単打ばかりのアベレージヒッターというところでしょう。

このように穴の多いホームランバッターばかりの打線と、つなぐ野球で点を取りにいく打線とでは、どちらがより勝利に近づけるのか。現代野球では明らかに後者です。

これは商品企画でも同じです。

ハイリスクハイリターンな商品企画に賭けるより、確実性の高い商品企画で積み重ねていったほうが利益は出ます。

まずはニーズとシーズが合致する点を探り、うまくかみ合わない場合は、ニーズから商品を企画してシーズが育つのを待つ。これが商品企画におけるマネージャーの正しい考え方です。

●ニーズがはっきりしないときは？

ニーズは欲求を満たす三層構造からできている

トイレ用消臭剤というと、真っ先にジョンソン株式会社の「シャット」の名を思い浮かべる人は多いでしょう。

シャットが発売されたのは、一九七〇年。それから四〇年近く経った現在も多くの消費者に愛され、私が商品開発のプロダクト・マネジメントにかかわった商品のなかでも三本の指に入るロングセラーになりました。

この商品は、どちらかというとシーズ先行でした。

それまでのトイレ用消臭剤は、悪臭を別の匂いで覆い隠すマスキングという方法で消臭していました。

しかし、ジョンソンは化学物質で悪臭を分解する画期的な消臭方法を開発。商品名にもサブクレーム（商標登録時の従属項）として「化学反応で悪臭の元を断つ」という一文を入れ、コンセプトを明確にしてマーケティングを展開しました。その結果、従来のトイレ用消臭剤に漠然と不満を持っていた層のニーズが喚起され、大ヒットへとつながったのです。

シャットはシーズ先行とはいえ、消費者のニーズについてはあまり心配していませんでした。というのも、まだニーズが表面化していないだけで、潜在的なニーズは高いことがわかっていたからです。

じつはニーズというものは、「Ｂｅ」「Ｄｏ」「Ｈａｖｅ」という三つの動詞からなる三層構造になっています。最も底辺にある根源的な欲求は、「～になりたい」というＢｅニーズです。それが行動のレベルまで顕在化すると、「～したい」というＤｏニーズになります。それを満たす商品が形になっていれば、Ｄｏニーズはさらに「～を欲しい」というＨａｖｅニーズとなって表面化します。

トイレ用消臭剤を例にとって、このニーズを解説すると、

「（根源的に）快適になりたい＝Ｂｅニーズ→（具体的に）悪臭を消したい＝Ｄｏニーズ→（現実に持ちたい）悪臭がなくなる商品が欲しい＝Ｈａｖｅニーズ」

という順に欲求が顕在化していくわけです。

シャットの企画段階では、調査で市場に、

「既存の製品以上に効果的に悪臭を消したい」

というDoニーズがあることがわかっていました。その実現手段として化学物質で匂いを分解する方法が受け入れられるかどうかは賭けでしたが、それさえクリアすれば、かなりの確率でヒットすることは明白でした。

商品企画の段階では、表面化したHaveニーズとコンセプトが合致すれば、ほぼ成功といえます。

ただ、シーズから出発したり、ニーズから発想したいが市場がつかみきれない場合など、Haveニーズが見えないケースも多々あります。このときにニーズの三層構造が頭に入っていれば、より潜在的なニーズからHaveニーズを予測して判断材料にすることができます。

ちなみにジョンソン時代の同僚で、現在は経営学博士として活躍する梅澤伸嘉氏は、人間の根源的なBeニーズを次の一〇種類に分類しました。

①豊かさニーズ（心豊かな人生を送りたい）

②尊敬ニーズ（認められる人生を送りたい）
③自己向上ニーズ（自分を高める人生を送りたい）
④愛情ニーズ（愛されて生きる人生を送りたい）
⑤健康ニーズ（元気な人生を送りたい）
⑥個性ニーズ（自分らしい人生を送りたい）
⑦楽しみニーズ（楽しく、ラクな人生を送りたい）
⑧感動ニーズ（心ときめかせる感動の人生を送りたい）
⑨快適ニーズ（快適な人生を送りたい）
⑩交心ニーズ（仲良く、心暖まる人生を送りたい）

市場のニーズがつかめないときは、これらの一〇のＢｅニーズを頭に入れてから発想をスタートさせるのも有効な方法です。

ぜひ参考にしてください。

ヒットを狙うよりも、ライバルの一人勝ちを防ぐ

●二番煎じでは、商品化する意味はない？

あるメーカーの再生事業で、これまでの商品企画を見直していたとき、開発途中で中止になっている企画がいくつもありました。その理由を担当課長に尋ねたところ、「ライバル社が同じコンセプトの商品を先に販売したので、メリットが少ないと判断して、途中でストップさせました」

という答えが返ってきました。

これはメーカーが最もやってはいけないパターンの一つ。この会社が赤字にあえぐようになったのも、ある意味では必然でした。

この会社は、大きなミスを二つ犯しています。

一つは、商品開発の遅れから他社に先を越されて、先行者利益を逃してしまったことです。

ビジネスで勝つのは、アイデアを最初に思いついた会社ではなく、アイデアを最初

に実現した会社です。 せっかく良い企画を立てても、開発が遅れて他社に先んじられてしまったら、もうそのアイデアに価値はありません。

もう一つのミスは、そこで商品化を諦めてしまったことです。企画を途中でストップさせると、その商品の対象市場には、ライバル社の商品しかありません。他の競合他社が参入しない限り、最初に開発したライバル社の独占状態です。

特定の商品分野をライバル社に独占させても、他で確実に勝てるなら問題はありません。しかし、ある商品分野を独占されると、結果的に他の商品分野でも不利に働くケースが多いのです。

例えば家電メーカーのA社とB社が、冷蔵庫と洗濯機の市場を独占していたとしましょう。A社が新型の冷蔵庫を先に開発したため、B社は冷蔵庫から撤退します。すると、どういうことが起こるのか。

冷蔵庫市場にはA社しかいないため、「冷蔵庫といえばA社」というブランドが確立します。このブランドイメージは、ときとして消費者の頭のなかで「白モノ家電といえばA社」と勝手に書き換えられます。その結果、洗濯機を買いにきた顧客も、B社よりもA社を選ぶ人が増えてきます。

また結婚を機に冷蔵庫と洗濯機を同時に買いにきたカップルは、「揃えるなら、同じメーカーの商品を」と考える傾向が強く、A社の洗濯機を選ぶ可能性が高い。B社には冷蔵庫がないのだから当然です。

もちろん実際はこの例のように単純ではありませんが、一社に独占を許すことが他の事業に対しても、大きなリスク要因になることがイメージできるはずです。

二番煎じの商品は、正直、負け戦です。しかし、負け戦であることがわかっていても、ダメージを減らすために、あえて後発で商品を出さなければいけないことがあります。ちなみに二番煎じでも守りを固めるべきは、自社とライバル社の資本力に大きな差がない場合に限られます。

相手が巨大企業なら、選択と集中で、苦手分野から撤退し得意分野に資本と人材を集中させることが原則です。また自社が圧倒的に企業規模で勝っているなら、たとえ相手に先んじられても、物量作戦で攻めの戦略を実行できます。ライバルと自社の力関係をよく見極めて、適切な戦略を選んでください。

第6章

課長が変えるべき改善の原則

二〇〇〇社を超える企業の体質を間近で見ていると、否が応でも「伸びる会社」と「危ない会社」の見分けがつくようになってきます。

伸びる会社とそうでない会社の見極めは、取引先のチェックをするときだけでなく、自社を組織改革するときにも役立ちます。

はたして、成長を続ける会社はどんな部分が有利に働いているのか。また、成長が止まった会社で、課長は何を改善すれば息を吹き返すのか。その秘密を探ってみましょう。

●生き抜く組織の三つの条件とは？

売上・利益・再投資の重要性を知っておく

組織を成長させるためには、いったい何が必要なのか。この質問に「売上を増やして、利益を出すこと」と答えた人は、残念ながら不正解。もう一つ、重要な要素が抜け落ちています。

売上を増やすのは、利益をつくるため。利益をつくるのは、再投資するため。そして再投資するのは、売上を増やすため。この三つのサイクルが会社を成長させます。このことは、社長はもちろん、課長レベルの人もしっかり認識しておいてください。

必要以上に内部留保が多く、それを良いことだと勘違いしている会社は、間違いなく、成長が止まり始めます。内部留保は貯金のようなものですから、多ければ多いほど安心できるという気持ちはわかりますが、私の考えでは、万が一の場合に全社員の退職金が賄える額があれば十分。それ以上は再投資（具体的には、商品開発や設備投資、人材の獲得や研修）にして、来期の売上を増やすために使うべきです。

●優秀な人はどうしたら集められますか?

少数でやると精鋭になる

「うちの課にもっと優秀な人をくださいよ」

「優秀な人を小数だけ集めてやってみたい」

こんな課長の呟きが聞こえてくるときがあります。

二〇パーセントは容認できますが、八〇パーセントは間違いです。

『少数精鋭』とは、少数でやるから、精鋭になるのです。

そのためには、課長には二つのやるべきことがあります。

一つは、課長は修理の達人でなくてはなりません。

頼りにならない部下がきたら、

「よーし! 彼を『精鋭』に変えてみよう。考えることがいかに楽しいか、仕事を通じて成長できることを、真正面から熱意を持って伝えよう」

という決意をすると同時に、課長自身もそれを楽しみながらやることです。

もう一つは、

「どこを改善したら、お客様に喜んでもらえるか？」

「同時にどこを改善したら、効率が上がるのか？」

「どこを改善したら、利益を確保できるのか？」

ということを課（グループ）の課題として、部下たちにたえず考える習慣をつけさせ、報告させることです。そして自分もそばにいて、ときにはファシリテーター（進行促進役）として議論に参加し、一緒に汗を流せば、必ず、精鋭集団に変わっていきます。


もともと入社試験で採用された人です。それなりの評価がされた人たちです。課長一人の力で変えさせようとしたら、かなり大変かもしれません。でも、グループの力を使うと加速します。

学園祭でのイベントを成功させようとして、徹夜で議論していたら、普段ボーッとしているような人が、人が変わったみたいに活躍したことがありませんか？

人間は、変わる可能性が八割はあるのです。

抜擢人事で、ダメ組織が生き返る

●組織を活性化させる最良の方法とは?

組織として目に見える問題はないが、どうも社内がピリッとしない。そんなときこそ抜擢人事の出番です。

抜擢人事のメリットは二つあります。

第一に、抜擢は若い社員に夢を与えます。成果主義人事を採用する例が増えてきたとはいえ、成果主義は業績と直結する賞与だけで、昇進は従来通りの年功序列という会社がまだ多い。どんなに頑張っても課長まで一〇年、部長まで二〇年かかると思うと、向上心のある社員も、心の奥底でブレーキをかけてしまうもの。

しかし、五年で課長、一〇年で部長に昇進した事例が身近にあれば、無意識のうちにスピードを緩めていた社員も、アクセル全開で飛ばし始めます。

一方、抜擢はキャリアの長い社員のやる気にも火をつけます。年功序列というアドバンテージが一瞬のうちになくなるのですから、のんびりと構えていられません。正確にいえば、やる気ではなく、お尻に火がついた状態ですが、結果的には同じこと。経験の浅い社員には負けられないと、これまで以上に頑張ってくれるでしょう。

もう一つのメリットは、この人事で古いやり方が淘汰されることです。

これは本当に不思議なことですが、組織のなかには前任者がやっていたのでそのまま引き継がれたという仕事が数多くあります。例えば、昔からの習慣で必要のない定例会議を毎週開いたり、課長レベルの決裁で十分な稟議《りんぎ》を部長に回したり。

「この仕事って、本当に必要なものなのだろうか」

というようなレベルの業務が、みなさんの会社にもあるはずです。

ところが、そのような仕事について最初は疑問に思っていた社員も、昇進するころにはそのやり方にすっかり馴染んで、そのまま前任者のやり方を踏襲してしまう。結果として、誰も根拠を説明できない仕事の進め方が延々と続いていくのです。

もし、課長のあなたに人事権が認められているなら、思いきって、デキる若手社員を係長などに抜擢して課の活性化を図ってみてはどうでしょうか。

●生き抜く会社の経営理念とは？

末端の社員まで浸透させるプロセスを重視

独立して会社の設立準備中という、四〇代の知り合いが一〇枚の色紙を持ってやってきました。経営理念をいろいろと書いてみたが、どれも大切なことに思えて決めきれない。そこで私に、最適な一枚を選んでくれというのです。

失礼を承知で、私は色紙の中身も読まずに即答しました。

「どれも大切に思えるなら、一〇枚すべてを経営理念にすればいい。少なくても人に決めてもらうものではないはずです」

経営理念は、経営者の考えそのものです。自分の考えが多岐に渡るなら複数の経営理念を掲げてもいいし、逆に一つの単語しか思い浮かばないなら、それをそのまま経営理念にしてもいい。経営理念の形に決まりは何もありません。

さらにいえば、中身もまったくの自由です。社会貢献や人材育成を第一に掲げてもいいし、極端な話、お金儲けバンザイでもいい。経営理念は企業の旗印であり、それに共感した人が集まってくるのですから、そこで格好をつける必要はありません。

経営理念をつくるとき、むしろ気をつけるべきことは、理念を組織に浸透させていく方法でしょう。どんなに立派な理念も、社員に浸透しなければ絵に描いた餅《もち》です。理念は社員と共有・実践してはじめて価値を持つのです。

ところが、多くの会社は、会社案内に印刷したり、額縁に入れて社長室に飾っているだけ。こんな状態では、何のために理念を掲げているのかがわかりません。


伸びる会社は、経営理念の中身がどうであれ、それを社員に浸透させる仕組みを持っています。松下電器が朝礼で「綱領・信条・七精神」を社員に唱和させることは昔から有名ですし、最近ではザ・リッツ・カールトンホテルが、理念の書かれた「クレドカード」を従業員に肌身離さず携帯させていることもよく知られています。

はたして、みなさんの会社は、経営理念のもとに社員間で同じ価値観を共有できているでしょうか。少なくとも現場のリーダーである課長クラスが、その理念に精通していないというのでは話になりません。まずは課長が経営理念を理解したうえで、部下への浸透を図る。それが組織をまとめるリーダーに課せられた役割です。

●なぜか、部下の遅刻が目立ちます……

モラルの低い組織は、生産性も低い

ある専門商社の再建を託されたときの話です。

その会社には営業一課と二課がありました。営業一課は総勢一六人で、営業二課は約半分の九人。取り扱う商材が違うので直接比べるのはフェアではないかもしれませんが、社員が倍近くいることを考えれば、営業一課の売上が大きく上回っている状態が普通です。ところが、両営業課の売上はほぼ同じ。直近で見れば、人数の少ない営業二課のほうが上回っている月もありました。どうして一人当たりの売上が倍近くも違うのか。その疑問は、始業時間前に両方の営業課を覗いたことでわかりました。

始業時間前に営業一課を覗くと、一六人中、会社に来ていたのは七人。残りの九人は、それから五分以内にぞろぞろと出社。もう一つの営業二課は、九人全員が始業時間前に着席して、仕事を始めていました。両営業課で、朝の仕事の取り組み方がまったく違ったのです。

もちろん、わずか五分程度の遅刻が仕事量に大きな影響を与えるとは思っていません。問題なのは、営業一課の社員の多くがあたりまえのように遅刻してきたこと、そして遅刻を許す空気があることです。簡単な約束事が守れない組織では、売上の目標数字を守る意識も希薄になります。目標額に多少足りない数字でも、心のどこかで「まあいいか」という甘えが生じて、お互いを許しあう風潮があります。

会社のなかには、マナーレベルのものから明文化された規則まで、組織で働くうえでの約束事がたくさんあります。普段の挨拶、部内の整理整頓、提出書類の締め切り、ホウレンソウの徹底、個人情報保護のルール……。すべてが重要な決まりです。

一つ一つは、守らなくても大きな影響が出ないかもしれません。**しかし、「まあいいか」の気持ちが慢性化すると、職場に緊張感がなくなり、生産性も落ち始めます。**

ちなみに営業一課だけ遅刻者が続出していたのは、課を率いる課長がいつも一〇分遅れで出社していたから。これでは遅刻する部下がいても叱るのは無理でしょう。

そこで課長には配置転換で異動してもらい、だらけた環境のなかでも無遅刻を貫いたチームリーダーを新課長に抜擢しました。その結果、職場の雰囲気はガラリと変わり、一年後には、一人当たりの売上額が営業二課と遜色ないレベルになっていました。

●モノが溢れて生産性が落ちているときは？

オフィススペースを、あえて半分にする

まああの業績を上げている課長から、部屋替えの相談を受けました。この会社の現在のオフィスは交通の便も良いし、社員の数も大幅に増えていないはず。不思議に思って理由を尋ねると、

「書類があふれかえって手狭になり、仕事のパフォーマンスが落ちている。広い部屋に移れば、整理整頓ができて社員のパフォーマンスも上がるのではないか」

という答えが返ってきました。

事情を聞いて、私は逆のアドバイスをしました。

「部屋替えするなら、いまより狭いところに移ったほうがいい。そのほうが部下の生産性も高まりますよ」

なぜ狭いオフィスのほうがいいのか。

それは不要なモノを処分できるからです。

その会社が生産性を落としていた一因は、事業の成長とともに書類やファイルが増え、仕事の効率化、時間の短縮化に遅れを取ったからでした。

例えば自分の担当顧客に提出する見積もりの参考にするために、前回、その顧客に提出した見積書の控えを探すとしましょう。見積書ファイルが収まっているはずのキャビネットは、すでに満杯。該当するファイルが他のキャビネットに混じっていないかチェックしたものの、それでも見当たりません。そこで同僚に尋ねてみると、

「ああ、そのファイルなら片付けるスペースがなかったから、俺の机に積んであるよ」

との答え。その会社では、このような無駄な書類探しが日常茶飯事でした。

だからこそ広いスペースに移って書類を整理すべき、という考えは間違いです。移転してキャビネットの数を増やしても、いずれはそれも満杯になり、以前と同じ状態に戻ります。むしろキャビネットが増えた分だけ、以前より探す手間が増える可能性のほうが高いでしょう。

必要な書類を必要なときにパッと見つけられるようにするには、まず書類の数そのものを減らすべきです。電子化して保存できるものは電子化する。保存したものの一度も利用していないファイルは、思い切って処分する。これが大原則です。

ただ、要らない書類を捨てなさいと言っても、なかなか捨てられないのが普通の心

理です。そこで狭いオフィスへの移転をきっかけに、不要なモノを捨てざるを得ない環境を強制的につくってしまうのです。

これまで一〇個のキャビネットを使っていたなら、思い切って四個に減らしてしまう。すると少なくても六〇％の書類は処分しなくてはいけませんから、必要性が微妙な書類はすべてシュレッダー行きです。残るのは、何度も後から見直したり、法的に保管が義務付けられている書類だけ。これなら必要な書類を見つけるのも簡単です。

スペースを狭くしたほうが、パフォーマンスは改善される――。

この法則は、倉庫にも当てはまります。倉庫が在庫でいっぱいになると、普通、人はより広い倉庫を借りることを考えます。しかし、これもオフィスと同じく、広くしたところですぐに以前と同じ状態に戻るだけです。

倉庫の場合、大切なのは不良在庫をいかに減らすかが問題。そのためには、あえてスペースを半分にして、本当に売れる商品だけを仕入れ、売れない商品をすぐに処分せざるを得ない状況をつくる。それが最も効果的です。

また、オフィスや倉庫のスペースを半分にすれば、賃料も安くなります。パフォーマンスが向上して、そのうえコストダウンにもなる。まさに一石二鳥の戦略です。

●情報開示は、どこまですべきか？

すべてオープンが原則。唯一の例外は？

「弊社は非上場ですが、業績を含めて、いったいどのような情報を、どのレベルまでに公開すべきなのでしょうか」

これはある中堅メーカーの課長からの質問でしたが、同じようにディスクローズ（情報開示）について質問する課長は少なくありません。

このような質問を受けるたび、私はいつも次のように聞き返しています。

「御社には、社員に知られると困るような情報でもあるのですか？」

すると、ほとんどの課長はこう答えます。

「業績が悪いことがわかると、社員の士気にかかわるかもしれません」

これは半分正解、半分不正解です。**赤字企業の再建に乗り出すとき、私は毎回、業績内容を末端社員にまで広く公開して、会社の窮状を知ってもらうことにしています。**

それによって会社に愛想を尽かし、辞めていく社員もいます。しかし、大多数の社員は

「このままでは会社がなくなる」と危機感を募らせて、業績公開以前より真剣に仕事に取り組んでくれるようになります。これまでの経験上、社員が一〇〇人いるとしたら、情報公開で辞めるのは一人か二人。残りの大多数は覚悟を決めて働いてくれます。

むしろ怖いのは、情報を制限することで、社員が疑心暗鬼になってしまうことです。「業績が悪化していると言うが、社長はベンツを乗り回している。じつは業績は順調で、社員をもっと働かせたいだけなのではないか」

「業績は安定していると社長は言うが、二か月前からリストラの噂が絶えない」

このような誤解を招くのは、誰の目にも明らかな形でディスクローズしていないから。情報は決算データから経営会議での決定事項まで、すべてオープンが原則です。

例外は、原価と個別の給与額でしょうか。原価は一部の課長以上は公開。給与は客観的な評価制度が確立されていない会社で公開すると、「自分は同僚より頑張っているのに、なぜ低いのか」「あの課長の給料が高いのは、上司に贔屓《ひいき》されているからだ」といった不平不満が必ず噴出します。情報公開することで社内が混乱してしまうのは本末転倒。個人情報保護の観点からも、具体的な給与額については非公開を貫くべきです。

●内部統制の重要性は？

コソコソできない環境をつくり出す

眼鏡業界では有名なパールという眼鏡部品メーカーがあります。関係者向けの展示会に行くと、パールのブースはすぐに見つけられます。というのも、社員が真っ赤な帽子、真っ赤なブレザーに身を包んでいるから、否が応でも目立つのです。

実は、この真っ赤なブレザーは宣伝の効果もありますが、

「お客様を待たせていないか」

「どこかに社員がだぶついていないか」

というように社員の行動が手に取るようにわかる、いわゆる「見える化」です。これは、ここ数年、企業の課題として話題になっている内部統制に通じるものがあると思いました。

つまり、仕事の目標を達成させるために、業務の効率性や有効性、透明性を高めることだからです。

ご存知のように内部統制とは、社内で何が行われているのかを漏れなく把握して、コントロールすることです。近年、情報漏洩《ろうえい》や偽装といった企業の不祥事が相次いでいること、また新会社法や日本版ＳＯＸ法により法的にも社内把握が求められるようになったことで、内部統制はいまや企業が避けて通れないテーマの一つになっています。課長としても知っておくべき重要な課題の一つです。

内部統制を実現するためには、社内のさまざまな規定を見直したり、ＩＴシステムなどで社員の行動記録を残したりする必要があります。

ただ、よくわからないからといってコンサルタントやシステムベンダーに全面的に任せると、「あれもやりましょう」「これも必要です」といって、関係のないことまでやらされてしまうのがオチです。

内部統制を難しく考える必要はありません。基本的な考え方は、コソコソできない環境をつくって、チェックを怠らない。それだけです。

社会が企業を見つめる目は、つねに厳しいものです。内部統制の前には個人情報保護を強く求められたし、内部統制が一段落したら、おそらくまた次のテーマを与えられるでしょう。

第7章

課長ならではのスキルアップの原則

脳細胞は一〇～二〇歳代をピークに減少するといわれています。

しかし、私はその説をにわかに信じることができません。というのも、赤字会社の再生の過程で、成長が止まっているはずの課長たちが数々の劇的な結果を残す様子を見てきたからです。

ビジネスに必要な知識や能力が足りない課長の多くは、勉強の方法を知らなかったり、そもそも学ぶべきものが何かをわかっていないだけでした。

では、何をどのように学べばいいのか。実際に企業再生の現場で幹部候補の人たちに伝えてきたことをご紹介しましょう。

●利益アップの思考力を身につけるには？

自分と部下の頭を鍛える発想のダメ出しで、

とくに営業方針などを変えたわけでもないのに、徐々に売上が下がっている。そんなときには従来のやり方を見直して、新しい方法を探り出す必要があります。

ただ、課長一人が思い悩んで解決策を考えようとしても、現状を打破する方策は簡単に浮かんでこないでしょう。というのも、売上が下がっている原因が現場にあり、その情報が課長のところまで上がってきていないケースが多いからです。

売上減の原因は、現場が意図的に隠している場合もあれば、現場のメンバー自身が気づいていない場合もあります。いずれにしても、会議などで現場の情報をすべて洗い出す機会をつくり、現場のメンバーと一緒に解決策を考えなくてはいけません。

このようなケースのときは、ブレインストーミングという手法がよく使われます。これは頭を柔軟にさせ、発想の制限をなくして頭に浮かんだことをとにかくアウトプットさせる方法で、従来にない思考を導きたいときに効果的だといわれています。

ただし、言いたい放題のブレインストーミングは、隠れていた現場情報を洗い出すという意味では有効ですが、逆に情報過多になって思考が拡散し、かえって解決策が遠のいてしまう恐れがあります。

例えば売上減の原因をメンバーにブレインストーミングさせたとしましょう。

「ライバル社の製品に新機能が追加されたので、うちのは見劣りするんじゃないか」

「取引先の担当者は、予算が下りないといって嘆いていた」

「遠方のお客様が増えたので、お客様への訪問回数が減っているかもしれない」

「新規採用した営業マンが、まだ育っていないからではないか」

ブレインストーミングを行うと、このようにさまざまな角度から意見が出てきます。しかし、それゆえに議論が広がりすぎて、結局は解決策までたどり着かないまま時間切れで会議が終了、というパターンが少なくありません。

そこで重要になるのが、リーダーとしての課長のダメ出しです。本来、ブレインストーミングはダメ出ししないことに意味があります。しかし、実際にやってみるとわかりますが、ダメ出しなしで結論までたどり着くケースはまれです。自由闊達《かったつ》に意見を出させながらも、リーダーが的確にダメ出しすることで、チームとしての思考を一つの方向に集約させていく。それがブレインストーミングの正しい活用法です。

ただ、ダメ出しにも、よいダメ出しと悪いダメ出しがあります。よく見かけるのが、結論に対してダメ出しするパターンです。

「うーん、その問題はそれほど重要じゃないだろう」

「その方法では、うまくいかないはずだ」

このように結論だけにダメ出しをすると、部下は自分がどこで間違えたのかが理解できず、別の問題でも同じ間違いを繰り返します。それどころか、根拠のないダメ出しが続けば、参加者のあいだに、「どうせ何を言っても、課長に却下される」という諦めムードが蔓延《まんえん》して、会議を開いても誰も口を開かなくなる危険もあります。そうなると、自分では何も考えずに指示だけを待つメンバーばかりになって、チームとしての思考力は大きく低下していくでしょう。

チームの思考力を伸ばすには、結論を否定するのではなく、むしろ結論に至るまでの思考プロセスに焦点を当ててダメ出しをすべきです。

「その問題は、営業体制の問題がクリアになれば、自動的に解消される。いま取り組むべきは、営業体制の問題のほうだ」

「その方法は、コストがかかりすぎる。仮にコストの問題が解決しても、他社の事例を考慮すると、キミが期待しているほどの効果はないだろう」

このように思考の穴を具体的に指摘することで、部下は思考のプロセスを学び、自律的に思考することができる人材へと育っていきます。

よいダメ出しは、自分の思考力を鍛えるトレーニングにもなります。

課長レベルになれば、誰でも最低限の思考力は身についているでしょう。ただ、これまで思考のプロセスをとくに意識してこなかったという人も多いはず。それでは仮に自分の思考プロセスに間違いがあっても、それを検証することができません。

そこでよいダメ出しを意識すれば、これまで曖昧にしてきた思考プロセスを否が応でも明確にする必要が生じます。例えば問題の優先順位をどのように判断するのか。問題解決の際には、実務上でどのような条件を満たす必要があるのか。これらを改めて言語化することで、部下の思考力を鍛えると同時に、自分の思考プロセスを再検証することができるのです。

おそらく課長レベルになると、上司から思考力について問われる機会は減っていくでしょう。そこで部下へのダメ出しを積極的に活用して、自分の思考プロセスの見直しを図る。それが課長に適した思考力トレーニング法だと思います。

集める前に、情報のあたりをつける

●情報収集力を高める方法は？

インターネットの登場によって、誰でも手軽に大量の情報を入手できる時代になりました。

ここで私たちが意識しなければいけないことが二つあります。

一つは、インターネット以外の情報ソースへの投資です。情報取得コストの安さがインターネットの特徴の一つですが、その影響で、他の情報ソースにお金をかけない人が増えてきました。インターネットで検索すればたいていの情報は入手できるのだから、本を買って調べたり、人に会って話を聞くのは馬鹿らしい、というわけです。

しかし、多くの人がインターネットに頼れば頼るほど、それ以外の情報ソースから得た情報が希少になります。他の人と差をつけるなら、まさにこの部分です。

例えば多くの人が敬遠する専門書から知識を得たり、表舞台には出てこない噂レベルの情報を人づてに入手したり、リサーチ会社に頼んで独自に調査したり。**情報収集**

力は、このように時間と労力をかけることで差がつくのです。

あるメーカーの経営に携わっていたとき、取引先の一つが突然、倒産しました。比較的規模の大きい問屋だったので、競合他社の多くが被害を受けましたが、わが社はほぼ無傷。というのも、倒産の一歩手前の段階で、業界のキーマンから情報を得ていたからです。他社が大手のリサーチ会社などから倒産情報を入手して慌てているとき、私たちはすでに倉庫から商品を引きあげて、倒産した会社の人と残務処理について話し合いを始めていたのです。

誰でも簡単に入手できる情報だけを頼りにしていると、一歩、出遅れた結果になりかねません。課長として、利益を確保するという責任を遂行するなら、あえて手間のかかる情報ソースを大事にすることです。

もう一つ、ぜひ意識していただきたいのは、情報収集の前に考える習慣をつけることです。

インターネットは、誰でも大量の情報を入手できるツールです。それゆえ何も考えずに情報を調べようとすると、大量の情報に溺れて身動きが取れなくなります。

例えば部長から突然、

「妊婦の送迎サービス事業を検討したい。市場の可能性を、概算でいいから明日までに調べてほしい」

と頼まれたとします。

調べる前に何も考えない人は、ネット検索サイトで、とりあえず「妊婦」「送迎」「市場」というキーワードを使って検索をかけます。あるネット検索サイトで調べると、ヒットしたページは一〇万二〇〇〇件。このなかに正解が書かれたページがあるのかどうかも疑問だし、仮にあったとしても、一〇万件以上のページに目を通すのは困難です。そこでようやく考え始める人はまだマシで、なかには「調べたけどわかりませんでした」と諦めてしまう人もいます。

一方、調べる前に考える習慣がついている人は、

「妊婦送迎サービスの市場規模は『妊婦の数×一人当たりの利用回数×単価』だから、それぞれの数値について可能性を調べてみよう。妊婦の数は年間の出産数とほぼ同じなので、昨年のゼロ歳児の人口を調べれば推定できるはずだ。では、一人当たりの利用回数は……」

というように、調べやすい要素に分解してから検索をかけるはずです。このアプローチ手法は物理学者のフェルミ推定と同じです。

いっけん手間がかかるようですが、手当たりしだいに関連情報を集めて後から取捨選択するより、必要な情報に絞って収集してから組み立てたほうが、ずっと効率的です。

妊婦送迎サービスの市場調査は極端な例ですが、ちょっとした情報を調べるときも、

・その情報を効率的に調べるには、どのようなアプローチが最適か
・信頼性のあるソースはどこか
・その情報の真偽は、どうすれば検証できるのか

といった問題を頭に置きながら調べたほうが、正確な情報に最速でたどり着く確率がグンと高まるはずです。

情報収集力は、「情報ソースの量×質×思考力」で決まります。インターネットは情報量を増やすことに大いに貢献してくれますが、ネットの便利さだけに寄りかかっていると、情報の質や思考力の低下を招きかねません。思考力を活用しながらインターネットを上手に利用して、他の情報ソースで差別化を図る。それがこれからの課長に求められる情報収集能力です。

一流の人や物と接する回数を増やす

●見識を磨くにはどうすればいい？

国語の問題ではありませんが、「知識」と「見識」の違いをご存知でしょうか。知識とは、物事を知って理解すること。一方、見識とは、知識に経験を加えて物事の本質を見抜き、判断することです。

例えば、株式投資の仕組みやセオリーは知識があれば理解できますが、いま投資すべきか、どの銘柄に投資すべきなのかという判断は、その人が培ってきた見識によって行われます。

では、見識はどうやって磨けばいいのでしょうか。私がおすすめするのは、一流の人や物に触れる機会を増やすことです。**見識とは物事の本質を見抜く力**ですから、それを磨きたければ、本物に触れるのが一番の近道。具体的には物事の本質に迫る良書を読んだり、本質を知っている人に会って教えを請う。この積み重ねが、あなたの見識を育てます。

もちろん普通の生活をしているだけでは、一流の人や物に出会う機会は少ないでしょう。だからこそ、なおさら自分から一流に触れる機会をつくる必要があります。

私は学生時代、大学の新聞部で学生新聞を作っていました。新聞部を選んだのは、一流の人に会えるチャンスがあると考えたから。実際、寄稿依頼という名目で、数多くの作家や学者、経営者に会うことができました。寄稿は断られることが多かったのですが、まだ社会のことをよく知らない学生にとって、寄稿依頼というわずかな接触だけでもいろいろと勉強になったことを覚えています。

新聞部員としての最大の成果は、ノーベル文学賞を受賞したイギリスの哲学者、バートランド・ラッセルに寄稿してもらったことでしょうか。ラッセルは、知の最前線で活躍する世界的ＶＩＰ。一介の学生が寄稿を頼めるような存在ではありませんでしたが、ダメモトで手紙を書いたところ、どういうわけか、丁寧にコラムを寄稿してくれたのです。

ちなみに新聞部は予算が少なかったので、お礼は扇子一本。それに文句も言わずに寄稿してくれたあたりが、一流の所以《ゆえん》でしょうか。いずれにしても大切なのは、自分からの積極的なアプローチです。一流の人や物と偶然に出会う幸運を待つより、たとえ分不相応でも、こちらから積極的に動いてみる。それが見識を磨くコツです。

●問題発見力を高めるには？
小さな変化を見逃さないで感性を磨く

私のようなコンサルタントには、企業からさまざまな相談が持ちかけられます。「売上が減った原因は何か」「赤字に転落したのはなぜか」「どうして社員が定着しないのか」。まさに問題のオンパレードです。

こうした問題の原因を見つけ出すのは、じつはそれほど難しいことではありません。経営分析手法は専門書でいろいろと紹介されていますし、私自身は、オリジナルの分析手法である「ＣＰＩ問題解決法」を活用して実務にあたっています（ＣＰＩ問題解決法については、拙書『超・会社力』＝かんき出版刊を参照ください）。

個人レベルの問題解決法として親しみやすいのは、トヨタの生産現場で活用されていた「なぜなぜ五回」でしょう。これは、問題が発生したら「なぜ？」を五回繰り返してボトルネックを探り出す問題解決手法です。例えば売上が落ちたら、「売上が落ちたのはなぜ？」

↓「競合商品に勝てなかったから」
「競合商品に勝てなかったのはなぜ？」
↓「販促キャンペーンがうまくいかなかったから」
「販促キャンペーンが失敗したのはなぜ？」
↓「企画段階から広告代理店に任せっきりだったから」
というように、問題の真因にたどり着くまで、ひたすら「なぜ？」を繰り返します。簡単な手法なので、仕事がうまく運ばないときなどに気軽に使えるはずです。

ここまでは、気の利く人なら誰でも実践できるレベルです。**じつは問題発見力には二種類あります。一つは、いまご紹介した問題の真因を発見する力。もう一つは、問題が表面化していないときに、問題の存在自体を嗅《か》ぎつける力です。**前者は誰でも身につけることができますが、後者の問題発見力は、個々人の感性力がかかわってくるため、誰でも簡単にというわけにいきません。ビジネスリーダーとしての真価が問われるのは、こちらの問題発見力のほうなのです。

具体的に説明しましょう。

営業マンはよく頑張っているし、結果として売上の数字も順調に伸びている。これはいっけんすると、何の問題もありません。ところが、じつは営業マンの一人が押し込み営業で取引先に迷惑をかけていたとしたらどうでしょう。たとえいま売上が順調でも、いずれは取引先に見放されて、急激に売上が落ち込む危険性が大です。この危機を事前に察知して問題の発生を未然に防ぐ力が、もう一つの問題発見力です。

こちらの問題発見力を磨くには、日常の微妙な変化や差異に敏感になることが重要です。例えば押し込み営業なら、

「月中までノルマにまったく届かなかったのに、月末になって急に数字が伸びた」
「能力は他の営業マンと変わらないのに、なぜかいつも数字がいい」
「その営業マンによく同行しているが、あるお客様への同行営業だけ拒否される」

など、小さな変化や差異が必ずあるはずです。それらに気づく感性を磨く以外に、問題を事前に察知する力を養うことはできません。

問題発生後に問題点を見極める力は、誰もが最低限、身につけておかなくてはいけないスキルです。差がつくのは、問題発生前に危機を察知する力のほうであることを覚えておきましょう。

●交渉力を伸ばすには?

機会を見つけて、デキる上司に同行。スキルを盗む

トップセールスで取引先に出向くとき、私は成績が伸び悩んでいる課長クラスの人を一人、必ず連れていきました。秘書の代わりではありません。目的は教育のため。上司の営業をじかに見せることで、何かを学んでほしいと思ったからです。

営業のノウハウすべてをマニュアル化することは不可能です。例えばクロージングのセリフも、お客様のそれまでの反応によっては、切り出すタイミングを早めたり、より強い口調で契約を迫ったほうがいいケースがあります。その呼吸をマスターするには、ビジネスの現場で生身の営業を体感することが一番の近道です。

私は若いころ、経営の神様と呼ばれて多くの経営者に師と慕われたリコー三愛グループの創業者、市村清氏にお仕えしていた時期があります。期間としては約一年ほどでしたが、そのとき間近で見た市村氏の一挙手一投足は、他のどんな経営本や研修よ

りも勉強になりました。そこで学んだビジネス現場での間合いを自分の経験だけでつかもうとしたら、おそらく一〇年はかかっていたはずです。

能力のある人と同行するときは、頭のなかで「自分だったらどうするのか」というシミュレーションをしながら観察することが重要です。何も考えずに同行するだけでは、ただのカバン持ちと同じ。デキる人の立ち振る舞いと自分のシミュレーションの違いを肌で感じてこそ、同行する意味があります。

また、お手本を一人に絞る必要はありません。

難しい局面で粘り強く交渉することが得意な人がいれば、その粘り強さを学ぶべきだし、長くかかる商談を一発でまとめることが上手な人がいれば、相手を引き込むテンポの良さを学べばいい。多くの人からいいとこ取りをすれば、それだけ成長のスピードは早くなります。

もちろん同行ばかりで自分の商談がおろそかになってはいけませんが、都合がつく限り、積極的にデキる人からノウハウを盗むべきです。そこで学んだ呼吸や間合いは、きっと自分の営業にも活きるはずです。

努力の結果として、ツキはやってくる

●運を味方につける方法は？

「能力は劣っているとは思えないし、恥ずかしくない実績も残してきました。しかし、評価してくれていた部長の異動や取引先の倒産など、自分ではどうにもできないことが原因で成績が伸び悩んでいます。どうすれば運は良くなるのでしょうか？」

ある勉強会で、大手企業に勤める若手の課長からこのような質問を受けました。おそらく同じように、自分のツキのなさを嘆いている人は少なくないはずです。残念ながら、自分でツキを直接コントロールすることは不可能です。どんなに工夫をしたところで、サイコロで六の目が出る確率は1／6しかないのです。

では、確率は変わらないのに、ツキのある人とない人がいるのはなぜか。それは幸運が舞い込んできたとき、そのチャンスを活かす準備ができているかどうかで差が出るのです。

サイコロの六の目が幸運だとすると、誰にでも六回に一回は幸運が巡ってきます。

もちろん六回振っただけでは確率にブレが生じる可能性はありますが、六〇〇回振れば、誰でも平均一〇〇回はそのチャンスが訪れます。これは全員に平等です。

ただ、その幸運と、ゲームで六の目を活かせるかどうかは別の話。せっかくいい目を出しても、それを活かす戦略がなかったり、ゲームを途中で投げたら宝の持ち腐れ。慌てて対応を考えているうちに次の人がサイコロを振ってゲームオーバーです。

つまり実際のゲームのように、ビジネスの現場では、何の準備もしていなかったがために、自ら幸運を手放したり、幸運が舞い込んだことにも気づかない人が少なくありません。本来、ツキは平等なはずなのに、ツイている人といない人がいるのは、人によって準備のレベルに差があるからなのです。


世界の鉄鋼王として有名なアンドリュー・カーネギーは、もともと貧困にあえぐ移民の子で、電報の配達夫として働いていました。のちに電信技士になって出世への足掛かりをつかむのですが、カーネギーが電信技士に昇格したのは、上司の電信技士がまだ出勤していない早朝に、たまたま急を要する通信があり、上司の代わりを務めて自分の技量を示す機会に恵まれたからでした。

上司がいない時間帯に緊急の電信が入ったのは、まったくの偶然です。では他にもたくさんの電信局員がいるのに、なぜカーネギーだけがそのチャンスをつかめたのか。
それはカーネギーが、普段は電信が入らない早朝の時間を使い、毎朝、自主的に電信の練習をしていたからでした。緊急の電信は偶然でも、その場にいて、なおかつ上司の代わりができる技術を持っていたのは、けっして偶然の産物ではなかったのです。

ツキは誰にでも等しく訪れるように、準備の機会も平等です。ツキは自分でコントロールできなくても、準備のレベルは自分で高めることができます。運を逃したくなければ、それ相応の備えをすればいいのです。

ところが、**失敗を不運のせいにする人に限って、ろくに準備をしていません。**冒頭に紹介した大手企業の若手課長も同じです。評価してくれる上司が異動になったとき、自分も一緒に連れて行ってもらうため、あるいは新しい上司とより良い関係を築くための努力をしていたのでしょうか。取引先が倒産しても売上が落ちないように、新規開拓を十分にしていたのでしょうか。不運だったのは確かですが、準備しだいではダメージを最小限にとどめられたはずです。かたわらから見てツイているように思える人も、本当は特別に幸運なわけではなく、幸運を逃さないための準備ができているだけです。そこに気がつけば、あなたも運を味方にすることができるはずです。

まずリスクを探し出す。それも前向きな考え方

●プラス思考は本当に大切か？

コップに半分の水が入っているとき、「もう半分しかない」と考えるのか、それとも「まだ半分ある」と考えるのか。一般的には前者がマイナス思考、後者がプラス思考といわれていますが、みなさんはどちらのタイプでしょうか。

自己啓発本がしきりにプラス思考を説くせいか、最近はどんな状況でもポジティブに考えるべきだと信じている人が多いようですが、私はそれが必ずしも正しいとは思いません。なぜなら、ビジネスでは、マイナスの状況を考えることもプラスにつながるからです。

例えば優秀な部下が一人、突然、会社を辞めた……。

ここで「残りのメンバーがまだいるのだから」と考えて、現状のメンバーだけで目標達成のための手段を錬る。これが一般的なプラス思考です。

では、いなくなった部下のことを考えるのはどうか。この思考はいっけんマイナス

に見えますが、失った戦力のことを考えれば、当然、次は「どうすればその穴を埋められるのか」という発想が浮かびます。次の戦略につながれば、これも立派なプラス思考。実際の仕事のうえでは、現状のメンバーだけで対応することしか考えない場合より、むしろいい結果につながる可能性は高いのです。

まだ結果が出ていないときの考え方も同じです。

一般的には「きっとうまくいくに違いない」と考えるのがプラス思考で、「きっと失敗するだろう」と考えるのがマイナス思考だと捉《とら》えられていますが、悪い結果を思い描くのは、はたして本当に悪いことなのでしょうか。

結果を悲観するのは、何か心配なことがあるからです。では、なぜ心配になるのか。それは、リスク要因を分析して把握しているからです。

リスクが把握できれば、その対策を立てることも可能です。実際、心配性な人ほど、二重三重に手を打って、リスクを少しでも減らすための努力をしているもの。じつは私もこのタイプで、万が一の場合に備えて、いつも奥の手をいくつか用意しています。

この行動は、後ろ向きなのでしょうか。

私はそうは思いません。リスクの芽を事前に潰《つぶ》すのは、むしろ前へ進むための行動です。少し遠回りをしているだけで、ゴールに向かって進んでいることに変わりはないのです。

課長クラスの人が注意しなければいけないのは、本当は心配事があるのに、プラスに考えなくてはいけないと思い込み、無理にリスクから目をそらしてしまうことでしょう。

リスクを無視するのは、プラス思考ではなく、ただの思考停止。そのまま前に突っ込んでいけば、玉砕する可能性が大です。不安要因を洗い出して把握することも、前へ進むための重要なステップの一つです。リスクが見つかったら、そこから目を背けるのではなく、

「ああ、事前にわかって良かった」

と考えて対策を練る。それがビジネスにおけるプラス思考です。

●数字に強くなりたい！

たかが一円の重みを知ることから始める

ビジネスではあらゆる種類の数字が飛び交いますが、なかでも重要なのはお金です。売上はいくらか。経費はいくらかかって、利益はいくらになるのか。この計算が頭のなかでできなければ仕事は進みません。

ただ、だからといって暗算力を鍛えるのは的外れ。単純に計算するだけなら、電卓を使ったほうがずっと速くて正確です。

では、ビジネスパーソンに求められる数字の強さとは何か。

私が大切にしてきたのは一円の重みを知る金銭感覚です。

例えば競合各店が一〇〇円で販売している商品を、ある店が九九円で売り始めたとしましょう。このとき「たかが一円の値下げだから気にする必要はない」と考える課長は、おそらく仕事がデキないタイプです。

たしかに値下げ額は一円にすぎませんが、いままで三ケタだった価格が二ケタになれば、市場に与えるインパクトは一円以上のものがあります。また、一〇〇円の商品は消費税込みで一〇五円ですが、九九円なら端数を切り捨てて一〇三円で販売することも可能（端数の取扱いは事業主の判断しだいなので、九九円の商品を税込一〇四円で販売するケースもあります）。実質的に二円の値下げになるので、お客様はライバル店に殺到するかもしれません。

ならば当店も、という安易な値下げも禁物です。追従値下げは顧客離れを防ぐことができますが、客数が増えないため、利益率が悪化します。一〇〇円の商品を一円値下げしたら、利益率は一％減です。すでに原価をギリギリまで削っているとしたら、この一％をどこでカバーするのか。そこまで考えなければ、わずか一円の値下げにも踏み切れないのです。

うちは一〇〇万円単位の商品を売っているので、一円程度の差は関係ない？

たしかに単価が高いほど一円の価値は相対的に低くなりますが、規模が大きくなると、悠長なことも言っていられません。

輸出企業であるトヨタは、円高ドル安が一円進むだけで、営業利益が約三五〇億円減少するといわれています。同じくホンダは約二〇〇億円、ソニーは約六〇億円を失う計算です。たとえ単価が高い商品を扱っていても、取扱量が多いと、〝ちりも積もれば山となる〟で、一円の差が重くのしかかるのです。

このように、**ビジネスではたった一円の違いが大きな意味を持ちます。**たかが一円と馬鹿にせずに、その向こうに広がる数字までイメージできるかどうかが重要です。

では、どうすれば一円の重みを理解できるか。商売や経済の仕組みを学ぶことも役に立ちますが、より効果的なのは、普段から一円を大切にすることでしょう。

買い物をするときは、一円単位で商品を比較して検討する。給料が振り込まれたら、一円でも間違いがないか確認する。商談では、一円でも安く買って高く売れるように、粘り強く交渉する。こうした小さな積み重ねで、一円を大切にする心は養われます。

ケチになれと言っているわけではありません。むしろ一円の本当の価値を理解する人は、使う必要があるときに出し惜しみをしません。一円を惜しむことで、それ以上のものを失う可能性があることをよく知っているからです。

いずれにしても、「たかが一円くらい」と考える人は、数字全般に甘くなる傾向があります。どんぶり勘定でプロジェクトを進めていたら、最終的に大赤字になってしまった、という事態を招くのも、一円単位で気を配る習慣がないからです。数字がどうも苦手だという人は、ぜひ一円を大切することから始めてください。

●勉強時間がなかなか確保できないとき

自分のための勉強は、仕事を一〇〇％やってから

資格を取るために毎日二時間、勉強しているとします。残業を含めて毎日一二時間働いているので、これ以上、勉強のために睡眠時間を削るのは難しい。みなさんなら、いったいどうやって勉強を続けていくでしょうか。

残業を切り上げて勉強時間を確保すると答える人が多いかもしれませんが、私はおすすめしません。

理由は二つあります。まず残業を切り上げることにより、職場で浮いてしまう可能性があります。みんなが会社のために残業をしているなかで、一人が自分のために帰ると言い出したら、まわりはいい気がしません。自分勝手なイメージがついてしまうと、それを払拭《ふっしょく》するのは大変です。

また、残業せずに勉強を始めたところで、やり残した仕事が気になって、勉強に集中できない人がほとんどではないでしょうか。集中力を欠くと、もともとの二時間の

勉強にも悪影響が出て、効率はさらに落ちていきます。ビジネスパーソンの勉強時間は、仕事を一〇〇%やりきったうえで確保すべきです。仮に残業を減らすとしても、自分の担当する仕事はすべて終わらせて、まわりに負担をかけない状態をつくることが絶対条件です。

あるメーカーの再生事業の指揮を執っているとき、社員の一人が、超難関の司法試験に合格しました。合格して退社の意思を告げられるまで、その社員がコツコツと勉強していたことに誰一人気づきませんでしたが、それは彼が仕事で一切の妥協をしていなかったからです。私が仕事と勉強を見事に両立させていた労をねぎらうと、その社員はこう答えました。

「私は器用じゃないので、ヘタにバランスを取ろうとすると、どちらも中途半端になることが目に見えていました。かといって、勉強のために仕事を辞めるのは無理。だから、**まず仕事に全力を尽くして、余力で勉強することに決めました。優先順位を明確にしたことで迷いがなくなり、仕事にも勉強にも集中できました**」

その社員は、取得すればそれだけで独立できる資格を目指しながらも、まずは在任中の仕事に全力を注ぎました。もしみなさんが自分にとって役立つスキルを身につけようとしていても、まずは会社の仕事に全力を注ぐべきです。

●理論や知識の活かし方は？

使い方や見せ方を間違えると嫌われる

理論や知識は大切ですが、使い方には細心の注意が必要です。ビジネスの現場で最も嫌われる使い方は、やらないため（逃げ）の理論武装です。

「マーケティングの常識で考えると、この戦略は失敗するはず。やるだけ無駄です」

「他社が同じようなプロジェクトで失敗しているので、わが社でも失敗が見えています。やめたほうがいいのでは……」

新しいことにチャレンジするとき、このように真顔でダメ出しをする人がいますが、本音は自分の仕事を増やしたくないだけ。その口実として理論や知識を利用していることがミエミエです。とくにリーダーたる課長のなかにそんな考えの人を見つけると、かなりがっかりします。

逆に理論や知識の使い方や見せ方を正しく理解している課長は、同じような状況に置かれると、次のように提案します。

「マーケティング理論を活かして、この戦略をこのプランのように改善してみてはどうでしょうか」

「他社の失敗事例の原因を分析しました。うちも同様の不安要素を抱えているので、まず、それらをクリアする方法を考えましょう」


同じ理論や知識でも、まさに使い方しだい！

やること、進めることを前提にすれば、否定するための材料ではなく、建設的な提案をするための材料として活用できるのです。

やると決まったことに対して、理屈っぽく文句をつけるのは評論家の仕事です。一方、**実務家に求められる仕事は、会社の決定を成功に導くこと**。この違いがわからずに評論家的な批判ばかりしていると、せっかく学んだ理論や知識が、かえって自分の首を絞めることになります。くれぐれも注意してください。

●英語は必要ですか？

ビジネス英語は、それほど難しくない！

これからの課長にとって、英語力は必須《ひっす》です。二〇世紀までは、「うちの会社に輸出入の業務はないし、生産もすべて国内。英語を学ぶ必要はない」という理屈が通じる会社が多数ありました。しかし、いまや外資系が日本進出の足掛かりにドメスティックな会社を買収する時代。ある日突然、経営陣が変わって、外国人上司と英語で会議をしなければいけないシーンも十分に考えられます。

とはいえ、英語を難しく考える必要はありません。習得すべきなのは、あくまでビジネス英語。**個人的には、一般的な英会話より、ずっと簡単だと思います。**

ビジネス英語を使いこなすには、一般的な英会話では使わない特別な単語を学ぶ必要があります。例えば請求書一つとっても、「bill」（勘定書）、「invoice」（送り状／納品書）、「debit note」（借方票）など、状況によって相応《ふさわ》しい用語を使い分けなくてはいけません。

しかし、ビジネスに必要な単語をすべて集めたとしても、みなさんが大学受験で覚えた単語の一〇分の一にも満たないはずです。

昔と違い、最近はメールでの連絡が増えてきた点も、ビジネス英語を学ぶうえでは有利に働きます。電話はリアルタイムで応答しなければいけないので、準備も不十分になりがちで、終わった後も復習が困難です。一方、メールなら、わからない単語や表現があれば落ち着いて調べることができ、後から見直すことも可能です。もちろんリスニングやスピーキングは重要ですが、ビジネス英語をマスターする初期段階では、業務をこなしながら学習できるメールの特性が大いに役立つはずです。

いずれにしても、ビジネス英語と聞いて身構える必要はありません。私が再生を引き受けた海外企業との合弁会社では、当初、日本側の社員の多くが英語音痴でした。しかし、半年も経つと、向上心のある一部の幹部や課長たちは、海外の本社と普通に英語でやりとりをするようになっていました。幹部の多くは四〇代で、どちらかといえば頭の柔軟性が失われていく世代でした。それでも半年でビジネス英語を使いこなせるようになったのですから、まだ三〇代なら、もっと簡単にビジネス英語に馴染めるはず。自分には無理だと諦めることなく、ぜひ積極的に学んでみてください。

第8章

課長自身のための
キャリアアップの原則

就職したら、あとは会社が敷いたレールの上を歩くだけ。
そんな人生は送りたくないと思い、さまざまな会社でキャリアを積む道を
私が選んだのは、いまから四〇年前の話です。
当時、転職を繰り返してキャリアアップする人は圧倒的に少数派でした。
しかし、いまや転職は珍しくなく、同じ組織で働くにしても、自分なりの
キャリアデザインを描いて主体的に働く人が増えてきました。ただ、現実
の壁に阻まれて、思い描いた通りの道を歩めなかったり、軌道修正を迫ら
れる人が多いことも事実です。
自分のキャリアデザインは本当に正しいのか、またそれを実現するために
はどうすればいいのか。改めて考えみましょう。

給料が一円でも下がる転職はしない

●キャリアアップにつながる転職とは？

転職には自分をより成長させる「キャリアアップ」と、ただ仕事や職場を替えるだけの「ジョブホッピング」の二種類があります。キャリアアップは前職の経験を活かしながら、さらにスキルや人脈、経験を突き詰めるために新たなステージに挑戦することを指します。例えば、

「部下三人のチームリーダーとしての課長代理が、さらにマネジメント力を高めるために、同業他社の部下一〇人の課長職に転職する」

というのは立派なキャリアアップです。

一方、仕事の内容や職場の人間関係、待遇に不満があり、ひとまず環境を変えるために行う転職がジョブホッピング。現実逃避の意味合いが強く、職種や業界にこだわらず安易に転職を繰り返すのが特徴です。厄介なのは、本当はジョブホッピングにすぎない転職も、自分を正当化すればキャリアアップに思えることです。本当は会社か

ら評価されないことに嫌気がさして転職したのに、それを認めたくなくて、

「どうしても別の業界で自分を試したかった」

といって自分を納得させてしまう。このような安易な道を選ばないように、私が自分自身に課していたことは、

「給料が一円でも安くなるような転職は絶対にしない」

というルールでした。**ビジネスパーソンにとって、給料は自分の市場価値を最も端的に示す数字です。それを下げるような転職は、表向きにどんな見栄えのいい理由があっても、逃げの転職をごまかしているだけだと考えるようにした**のです。

もちろん給料は下がっても、裁量が増えてキャリアアップになる転職もあります。例えば大手企業で歯車として働くより、給料が下がっても、ベンチャー企業のマネージャーとして自分の裁量で仕事をするという選択も、キャリアアップの一つです。

いずれにしても大切なのは、自分なりの明確な基準を持つことです。この転職では給料優先、次の転職は裁量優先、というように転職の基準となる考え方をころころと変えていたら、いくらでも自分をごまかすことが可能です。

この転職はキャリアアップなのか、それともジョブホッピングなのか。転職するときは、もう一度、自分の基準に照らし合わせて考えてみましょう。

●給料に不満があるときは？
一二〇％の貢献をして、一〇〇％のお金を得る

会社に求められる仕事はきちんとこなしているが、そのわりに給料が少ない――。

そんな不満を持っている課長たちも多いようですが、自分が置かれた状況を、

「自分は一〇〇％の働きをしているのに、給料は八〇％しかもらえていない」

と受けとめるか、

「給料はきちんと一〇〇％もらっているが、今回は一二〇％の働きができた」

と考えるかによって、その後の給料に違いが出ると思うのです。

どちらも貢献度と給料のギャップは、計算上は二〇で同じです。しかし、その意味合いは大きく違います。

前者にとって二〇％は不足分にすぎません。それが積み重なると、会社に対して不信感が芽生えて、モチベーションが下がっていきます。モチベーションの低下は仕事の質も低下させ、いずれは本当に八〇％の仕事しかできない社員になっていきます。

一方、後者にとっての二〇%は、不足分というより、給料以上に貢献できたという余剰分。いわばそれは会社に対する貯金のようなもので、いずれは利息がついて返ってくると気楽に考えられます。

実際、会社が抜擢するのも、給料以上の働きをしたことをプラスに捉える後者のほう。預けていた貯金は、あとで昇進という形で返ってくる可能性が大です。

そもそも会社が求める仕事を一〇〇%こなしても、一〇〇以上に給料は上がりません。次のステージへのチャンスがもらえるのは、会社の期待を超えて一二〇%の結果を出し続けている人。それを忘れて目の前の給料について不満を並べるのは、かえって昇給を遅らせる行為だと自覚すべきです。

再チャレンジへの権利と考えるべき左遷

●配置転換。会社が考える本当の意味

「仕事で会社に大きな損失を与えて、配置転換を言い渡されました。役職は同じですが、実質的には左遷。この会社ではもう見込みはないので、転職を考えています」

入社九年目のベンチャー企業の課長から、このような相談を受けました。彼は社長から期待されていないと思い込んでいましたが、それは大きな勘違い。むしろその左遷には、再チャレンジへの期待が込められていたのです。

社長から真意を聞いていた私は、その異動の意図をさりげなく彼に伝えましたが、すっかり自信をなくしていたのか、数か月後に転職してしまいました。彼が配置転換の意味を正しく理解していれば、おそらくこうした事態にはならなかったはずです。

組織の配置転換には二種類のケースがあります。

一つは適材適所で組織を活性化させるための配置転換。もう一つは、再チャレンジの権利を与えるための左遷的に見える配置転換です。

ほとんどの配置転換は、前者の目的、つまり適材適所によって組織のパフォーマンスを高めるために行われます。私も適材適所を目的に、ある営業のチームリーダーを物流に異動させたことがありました。その社員の、営業力より管理能力を高く評価した結果の決断です。

この配置転換について、社内では「格下げだ」という評判が立ち、最初は本人もがっかりしていたようです。しかし、こちらの意図をきちんと説明すると、すぐに納得。見事に期待に応えて、半年後には物流のロスを大幅に減らすことに成功。しばらく後に物流のマネージャーに昇格を果たしました。

もっとも、左遷の意味合いが強い配置転換でも肩を落とす必要はありません。

本当に社員に辞めてもらいたければ、会社はさまざまな手段を講じることができます。問題行動のある社員なら解雇や懲罰が可能ですし、会社のお荷物になる社員に対しては、明らかな降格人事や個別の退職勧奨もあり得ます。

かつては年功序列の建前が崩れることを恐れて、左遷的な配置転換で退職に追い込む会社も数多くありました。しかし、成果主義が浸透してきた現在、左遷でデキない社員の退職を促す必要性はなくなりました。いまや左遷は、一回休みのペナルティ程度の意味しかありません。

●スキルは幅広く身につけるべきか？

広くより深く！まずは専門分野にこだわってみる

専門分野を突き詰めるスペシャリストを目指すのか。

それともさまざまな分野を経験してゼネラリストになるべきか。

これは自分でキャリアデザインをする場合に必ず突き当たる問題ですが、若手の課長には、まずスペシャリストを目指すことをおすすめします。

専門分野のスキルや知識を深めることも、さまざまな分野のスキルや知識を身につけることも、仕事人にとってはどちらも重要です。ただ、自分の価値や存在感を高めるのは、スキルや知識の広さではなく深さのほう。まずは深さを最優先にしながら、できる範囲で幅を広げていくことが賢い選択です。

なぜ広さより深さなのか。それは浅いスキルや知識でこなせる仕事は、いくらでも代わりの人がいるからです。極端な例ですが、営業三年、経理三年、情報システム三年を経験した人がいたとします。その人が各分野でできる仕事は、おそらく派遣社員でもこなせるレベル。仮にその人がいなくなっても、会社はそれほど困りません。

一方、営業を一〇年続けてエースに成長した人が突然いなくなると、その穴を埋めるのは大変です。もちろん人材市場には同じレベルの人もいるはずですが、キャリア四年足らずの人と比べて見つけるのが困難であることは間違いありません。

特定分野だけを歩んでいたら、視野が狭くなってしまうのではないか、という人もいるでしょう。しかし、専門分野でステップアップしていけば、いずれはゼネラリスト的な働きを要求されて、否が応でも他分野のスキルや知識が身についてきます。


ちなみに私はマーケティングを中心にステップアップを重ね、その実績を買われてプロダクト・マネジメントを任され、やがて経営にもタッチするようになりました。経営に必要な財務などの知識は後から身につけましたが、それでも十分過ぎるほどに間に合っています。広さを追求してもスキルや知識は簡単に深まりませんが、深さを追求していく過程で同時にスキルや知識の幅は広がっていきます。そう考えると、とくに入社一〇年から一二年くらいの中堅までの時期は、あれこれと首を突っ込んで器用貧乏になるより、専門性にこだわったキャリア選択をすべきでしょう。

●営業の経験は必要ですか？

お客様の現場を、肌感覚で経験しよう

中途採用で私が注目するのは、その人の営業経験の有無です。専門性が重要であることはすでに説明しましたが、同じレベルの専門性があるなら、営業経験のある人のほうが伸びる。これは私の経験上、かなりの確率で当たります。営業の経験が、どうして役に立つのか。それはお客様と直接的な接点を持つことで、お客様の論理、感性で物事を考えられるようになるからです。

お客様の目線が大切なことは、誰もが理解しています。しかし、お客様の目線を頭で想像するのと、実際にお客様と接して肌感覚として体感するのとでは、天と地ほどの開きがあります。同じスキルを持っているなら、スキルを有効に使えるのは後者のほう。だから営業経験の有無を重視するのです。キャリアは専門性を突き詰めることが原則ですが、寄り道をするなら、営業の現場を最優先に考えるべき。営業で成果をあげることができなくても、その経験はきっと後々、大きく役に立つことでしょう。

●成果を出せないのは適性がないから？

自分の本当の適性は三年後にわかる

営業の課長から、突然、人事の課長へ――。そんな異動や転職で環境が変わったが、思うような成果を出せずに、

「この仕事や職場は、やはり自分に向いていないのではないか」

と考えてしまう課長は多いかもしれません。

しかし、一年程度の結果で判断するのは早すぎる。自分の適性を見極めるには、少なくても三年間は必死の努力を続けるべきです。

ビジネス環境というものは約三年で一巡します。その三年の間には必ず好機が訪れるし、逆に危機も迎えます。これは商品にもいえることで、例えば私がかかわってきた数々の製品。発売から三年経ってもそこそこしか売れていない商品は、その後も売れずに廃盤になる可能性が。反対に三年後にもまずまず売れている商品はロングセラーになる確率が高かったのです。

人材もこれと同じで、三年経っても結果が出ない人は適性なし。三年後に成果を出せている人は適性ありです。つまり、それまでの成果は途中経過。一年目に成果が出なくても落ち込む必要はないし、逆に一年目にうまくいっても、本当に適性があるかどうかはわかりません。私の経験と、いままで私についた部下のケースから判断してのことですが、適性が明確になるのは、あくまでも三年後です。

最近はビジネスのスピードが速くなり、一年目から結果を求められている人が少なくありません。私も外資系の企業を中心にキャリアを積んできたので、

「結果を出せなければ、一年でクビ！」

という状況を何度も経験してきました。

ただ、短期間で結果を出すことと適性の有無は、別の次元の話です。一年で成果をあげられなかったからといって、自ら幕引きをする必要はまったくありません。状況が許すなら、三年間は粘り強く頑張ってみる。自分の適性を見極めるのは、それからでも遅くないはずです。逆に三年間、我慢できない人は適性よりもやる気、前向きさ、ひたむきさなどの面でマイナス点をつけられてしまう危険性もありますから要注意。

【著者紹介】

長谷川和廣（はせがわ・かずひろ）

◉——1939年千葉県生まれ。中央大学経済学部を卒業後、十条キンバリー、ゼネラルフーズ、ジョンソン等で、マーケティング、プロダクトマネジメントを担当。その後、ケロッグジャパン、バイエルジャパンなど外資系企業で、経営幹部や代表取締役などの要職を歴任。

◉——2000年、㈱ニコンとエシロール社の合弁会社㈱ニコン・エシロールの代表取締役。50億円の赤字を抱えていた同社を１年目で黒字へ、２年目で無借金経営に変貌させた経営手腕は高く評価されている。

◉——これまでに2000社を超える企業の再生事業に参画し、とくに中間管理職である課長を中心に熱烈指導。「課長が元気な会社は赤字でも生き抜くことができる」ことを実感。その経験をもとに、現在は会社力研究所代表として、国際ビジネスコンサルタントとして活躍する一方、再生事業で培った「利益を生み出す組織、仕組みの作り方」を多くの企業に伝えている。また最近では、赤字企業の質問にていねいに答える、企業からのいわゆる人生相談的な講演依頼が多い。

◉——著書に『超・会社力』『仕事前の１分間であなたは変わる』（かんき出版）、『５％の人を動かせば仕事はうまくいく』（すばる舎）がある。

社長《しゃちょう》が求《もと》める課長《かちょう》の仕事力《しごとりょく》　〈検印廃止〉

2008年６月２日　第１刷発行

著　者——長谷川和廣
発行者——境　健一郎
発行所——株式会社かんき出版
東京都千代田区麹町4-1-4西脇ビル　〒102-0083
電話　営業部：03(3262)8011㈹　総務部：03(3262)8015㈹
編集部：03(3262)8012㈹　教育事業部：03(3262)8014㈹
FAX　03(3234)4421　振替　00100-2-62304
http://www.kankidirect.com/

印刷所——ベクトル印刷株式会社

ISBN978-4-7612-6526-7 C0034